首都圏版⑬

最新入試に対応！ 家庭学習に最適の問題集!!

東京女学館小学校

2024年度版 過去問題集

合格までのステップ

2021 ～ 2023 年度
過去問題を掲載

日本学習図書 ニチガク

ニチガク式学習支援!!　　日本学習図書（ニチガク）

ニチガクの
家庭学習支援

Web学習サポートサービス

こんなこと…ありませんか？

「ニチガクの問題集…買ったはいいけど、、、
この問題の教え方がわからない（汗）」

メールでお悩み解決します！

- ☆ ホームページ内の専用フォームで必要事項を入力！
- ☆ 教え方に困っているニチガクの問題を教えてください！
- ☆ 確認終了後、具体的な指導方法をメールでご返信！
- ☆ 全国どこでも！ スマホでも！ ぜひご活用ください！

<質問回答例>

学習のポイント

推理分野の学習では、後の学習に活きる思考力を養うことができます。ご家庭で指導する場合にも、テクニックにたよらず、保護者の方が先に基本的な考え方を理解した上で、お子さまによく考えさせることを大切にして指導してください。

Q.「お子さまによく考えさせることを大切にして指導してください」と学習のポイントにありますが、考える習慣をつけさせるためには、具体的にどのようにしたらいいですか？

A. お子さまが考える時間を持てるように、質問の仕方と、タイミングに工夫をしてみてください。
たとえば、「答えはあっているけど、どうやってその答えを見つけたの」「答えは○○なんだけど、どうしてだと思う？」という感じです。はじめのうちは、「必ず 30 秒考えてから手を動かす」などのルールを決める方法もおすすめです。

まずは、ホームページへアクセスしてください!!

http://www.nichigaku.jp　日本学習図書　検索

目指せ！合格！

家庭学習ガイド
東京女学館小学校

ペーパー　行動観察　運動　制作　保護者面接

入試情報

募集人数：ＡＯ型：女子約 45 名、一般：女子約 35 名
応募者数：女子 466 名
出題形態：ＡＯ型：ノンペーパー　一般：ペーパー、ノンペーパー
面　　接：ＡＯ型、一般：保護者面接
出題領域：ＡＯ型：志願者面接、保護者面接、行動観察、運動
一般：ペーパー（数量、図形、記憶）、行動観察、運動、制作、保護者面接

入試対策

当校では、ＡＯ型入試と一般入試を実施しています。ＡＯ型入試は、ペーパーテストがなく、志願者面接、行動観察（運動、制作）、推薦書、保護者面接で評価されます。保護者面接では、推薦書（推薦者、保護者）を掘り下げる質問が多いので、推薦者と記入する内容をよく話し合い、受験に対するご家庭の考えや入学の意欲をよく理解してもらってから記入していただくようにしてください。一般入試では、ペーパーテストとともに、行動観察として「親子活動」が行われます。親子が同時に課題に取り組むというユニークな内容ですが、これは、普段の親子間のコミュニケーションやご家庭内でのお子さまの様子を観るものです。その場でお子さまに指導することはできないので、お子さまとどのようなコミュニケーションをとり、どんな生活体験を積んできたかが問われることになります。

●AO型入試では、学校方針を充分に理解しているかが観られます。学校の教育方針や特色は必ず理解しておいてください。また、説明会や学校行事には積極的に参加し、学校の空気を実感しておきましょう。その上で、受験への考えや意欲を推薦者と話し合い、意思疎通を図ることが大切です。
●一般入試では、ペーパーのほか、制作、運動、行動観察（親子活動）など、出題が多岐にわたっています。

「東京女学館小学校」について

＜合格のためのアドバイス＞

当校は「国際社会で活躍する高い品性を備えた女性リーダーの育成」を目標に掲げています。質の高い教科指導を実施しつつ、主体性を持った日本女性として活躍する力を付けるため、特色あるカリキュラムで児童の人格形成を目指しています。

一般入試のペーパーテストは基礎問題中心ですが、志願者数に対する募集人数の少なさを鑑みると、取りこぼしはできません。確実に正解しておく必要があるでしょう。また、生活体験や親子間の関係が重視されていることから、親子やお友だちの会話を通じて、コミュニケーション能力を磨いていくようにしましょう。

行動観察の一環として、親子活動が行われています。例年、歌に合わせたダンスやポーズを考え、親子で発表するという課題が出されています。こうした課題では、保護者との関わり方など、普段の家庭での様子が表れてしまうものです。保護者に頼ってばかりにならないように、お子さまが自発的に行動するような意識付けを行っておきましょう。当校入試の特徴は、お子さまだけでなく、保護者の方にもコミュニケーション能力を求められ、親子だけでなく、保護者同士の関係も観られます。「親子の関係が円滑である家庭で育てられた子どもは、女学館小学校に入学するに値する」という思想が、試験全体からうかがうことができます。親子活動はもちろんのこと、面接や提出書類でも「よい家庭環境」を印象づけるように工夫してください。

ＡＯ型入試では、保護者の教育や学校に対する熱意が評価の対象になっています。学校説明会や行事には積極的に参加して、学校の取り組みをしっかり理解しておきましょう。推薦者の方と意見の相違があった際は、すり合わせをして、方針を一致させることも重要です。

〈2022 年度選考〉

〈ＡＯ型入試〉
◆保護者面接
◆志願者面接　◆行動観察
〈一般入試〉
◆保護者面接
◆ペーパー　◆行動観察（親子活動）
◆運動　◆制作

◇過去の応募状況

2022 年度	女子 466 名
2021 年度	女子 511 名
2020 年度	女子 454 名

入試のチェックポイント

◇生まれ月の考慮…「あり」

東京女学館小学校
過去問題集

〈はじめに〉

現在、少子化が叫ばれているにもかかわらず、私立・国立小学校の入学試験には一定の応募者があります。入試は、ただやみくもに学習するだけでは成果を得ることはできません。志望校の過去における出題傾向を研究・把握した上で、練習を進めていくこと、その上で試験までに志願者の不得意分野を克服していくことが必須条件です。そこで、本問題集は小学校を受験される方々に、志望校の出題傾向をより詳しく知って頂くために、過去に遡り出題頻度の高い問題を結集いたしました。最新のデータを含む精選された過去問題集で実力をお付けください。

また、志望校の選択には弊社発行の「**2024年度版　首都圏・東日本　国立・私立小学校　進学のてびき**」をぜひ参考になさってください。

〈本書ご使用方法〉

◆出題者は出題前に一度問題を通読し、出題内容などを把握した上で、**〈 準 備 〉**の欄に表記してあるものを用意してから始めてください。

◆お子さまに絵の頁を渡し、出題者が問題文を読む形式で出題してください。問題を読んだ後で、絵の頁を渡す問題もありますのでご注意ください。

◆**「分野」**は、問題の分野を表しています。弊社の問題集の分野に対応していますので、復習の際の目安にお役立てください。

◆問題番号右端のアイコンは、各問題に必要な力を表しています。詳しくは、アドバイス頁（ピンク色の１枚目下部）をご覧ください。

◆一部の描画や工作、常識等の問題については、解答が省略されているものがあります。お子さまの答えが成り立つか、出題者が各自でご判断ください。

◆**〈 時 間 〉**につきましては、目安とお考えください。

◆解答右端の**［〇年度］**は、問題の出題年度です。**［2023年度］**は、「2022年の秋から冬にかけて行われた2023年度入学志望者向けの考査で出題された問題」という意味です。

◆**学習のポイント**は、指導の際にご参考にしてください。

◆**【おすすめ問題集】**は各問題の基礎力養成や実力アップにご使用ください。

〈本書ご使用にあたっての注意点〉

◆文中に**この問題の絵は縦に使用してください。**と記載してある問題の絵は縦にしてお使いください。

◆**〈 準 備 〉**の欄で、クレヨンと表記してある場合は12色程度のものを、画用紙と表記してある場合は白い画用紙をご用意ください。

◆文中に**この問題の絵はありません。**と記載してある問題には絵の頁がありませんので、ご注意ください。なお、問題の絵の右上にある番号が連番でなくても、中央下の頁番号が連番の場合は落丁ではありません。

下記一覧表の●が付いている問題は絵がありません。

問題１	問題２	問題３	問題４	問題５	問題６	問題７	問題８	問題９	問題10
●	●								
問題11	問題12	問題13	問題14	問題15	問題16	問題17	問題18	問題19	問題20
●	●	●	●						
問題21	問題22	問題23	問題24	問題25	問題26	問題27	問題28	問題29	問題30
●	●	●	●			●	●		●
問題31	問題32	問題33	問題34	問題35	問題36	問題37	問題38	問題39	問題40
		●	●						●

(得) 先輩ママたちの声！

◆実際に受験をされた方からのアドバイスです。
ぜひ参考にしてください。

東京女学館小学校

・ＡＯ型入試の面接では推薦書の内容について詳しく質問されました。夫婦間でよく話し合い、意思統一をした上で、推薦書の作成を依頼することが大切だと感じました。

・ＡＯ型入試で合格して辞退をすると、推薦者にも問い合わせをすることがあるそうなので、安易な気持ちでＡＯ型入試を選ばない方がよいと思います。

・ＡＯ型入試の保護者の推薦書を書くのが大変でした。書く項目がたくさんあり、それぞれに量があるので、しっかりとした準備が必要になります。

・面接では、当校ならではの教育方針を理解して賛同しているかを確認しているように感じました。独特の言葉で教育方針を打ち出しているので、そのキーワードを意識して面接に臨むとよいと思いました。

・面接はやさしい口調でしたが、こちらの答えに対しさらに質問されます。動揺しないように、しっかり準備しておくとよいと思います。

・一般入試で行われるペーパーテストは、それほど難しくなかったようです。

〈東京女学館小学校〉

◎学習効果を上げるため、前掲の「家庭学習ガイド」及び「合格のためのアドバイス」をお読みになり、各校が実施する入試の出題傾向を、よく把握した上で問題に取り組んでください。
※冒頭の「本書ご使用方法」「本書ご使用にあたっての注意点」も併せてご覧ください。

2023年度の最新問題

問題1　分野：志願者面接・保護者面接／ＡＯ型入試・一般入試

〈準　備〉　なし

〈問　題〉　**この問題の絵はありません。**

《志願者面接》
・通っている幼稚園（保育園）と、担任の先生の名前を教えてください。
・誕生日を教えてください。
・休みの日は何をしていますか。
・幼稚園（保育園）では何をしていますか。
・あなたが好きな天気は何ですか。それはなぜですか。
・お母さんの作る料理で何が１番好きですか。

《保護者面接》
【ＡＯ型入試】
（推薦書、願書に記載された内容を元に質問がなされる）
・自己紹介をお願いします。
・お子さまの長所と短所をお聞かせください。
・（きょうだいがいる場合）ごきょうだいで性格は違いますか。喧嘩などはされますか。
・本校の説明会、行事の印象をお聞かせください。
・ご夫婦で家事の分担はされていますか。
・子育てについて不安はありますか。
・本校にどのようなことを求めていますか。
・（共働きの場合）共働きですが、急なお迎えには対応できますか。

【一般入試】
・志望理由をお聞かせください。
・本校にどのようなことを求めていますか。
・どのようなお子さまですか。
・お子さまが今１番熱中していることは何ですか。
・休日はどのように過ごされますか。
・ご自身の10年後、15年後をどのようにお考えですか。
・ＩＣＴは何か利用されていますか。
・オンライン会議の悪いところはどのようなところだとお考えですか。

〈時　間〉　志願者面接：適宜　保護者面接：10分～15分程度

〈解　答〉　省略

学習のポイント

当校のＡＯ型入試では、考査日に志願者、考査日前に保護者という形で、それぞれ別々に面接が行われています。志願者面接はお子さま自身と家族との関係に関する質問がほとんどで、特別な対策は必要はありません。また、面接官と正対して着席するという面接ではなく、受験者がフープの中に立った形式で行われるので、かしこまった面接というよりも、口頭試問に近いものと考えてください。面接官が理解できるような、質問に沿った回答ができれば問題ありません。よほど突拍子もない回答でない限り、マイナス評価にはならないでしょう。保護者の方は、例年同じような質問だからといって、あらかじめ答えを用意させるようなことはしないでください。台本を作ってしまうと、お子さまはそれに縛られてしまい、スムーズな会話ができなくなります。

【おすすめ問題集】
面接テスト問題集、新 口頭試問・個別テスト問題集、新 小学校受験の入試面接Ｑ＆Ａ
入試面接最強マニュアル

問題2　分野：行動観察（運動）／ＡＯ型入試

〈準 備〉　カラーボール、動物の的、ろくぼく

〈問 題〉　この問題の絵はありません。
（上履きと靴下を脱ぎ、裸足で行う。指定された場所に、指示通りに畳んだ靴下と上履きを置く）
①的当てをします。カラーボールを２つ取り、動物の的に向かって投げてください。
②スタートからゴールまで、アザラシ歩きで進んでください。
③片足バランスをします。その場で両手を横に広げて片足で立ってください。
④これからかけっこをします。フープの中に立ってからスタートします。「よーい、どん」の合図で、ろくぼくまで走り、ろくぼくを登って、動物の的にタッチします。ろくぼくを降り、スタートのフープまでスキップで戻ります。

〈時 間〉　適宜

〈解 答〉　省略

学習のポイント

運動の課題に取り組む前に、「上履きと靴下を脱いでください」という指示があります。畳み方や置き方が口頭で伝えられますから、よく聞いて、指示通りの行動ができるようにしましょう。当校は「高い品性を備える」ことを教育目標に掲げています。靴下の脱ぎ方や畳み方など、細かいところこそ品性は現れるものです。普段の生活で無意識に行っていることを、少し意識して取り組んでみると、品のある振る舞いが徐々に身についていきます。運動の課題については、例年と比べて内容に大きな変化はありません。難易度は高くありませんから、一生懸命取り組めればそれでよい課題です。

【おすすめ問題集】
新 運動テスト問題集、Ｊｒ・ウォッチャー28「運動」

問題3　分野：常識／ＡＯ型入試

〈準備〉　クーピーペン（青）

〈問題〉　（問題３－１の絵を渡す）
絵の中から、旅行に行くときに持って行きたいものを５つ選んで、青色のクーピーペンで○をつけましょう。
（問題３－２の絵を渡す）
旅行には誰と行きたいですか。上の四角の中に、一緒に行きたい家族の人の数だけ青色のクーピーペンで○を書きましょう。また、旅行先では何を食べたいですか。下の四角の中に、食べたいものの絵を青色のクーピーペンで描きましょう。

〈時間〉　適宜

〈解答〉　省略

学習のポイント

一見、シンプルで楽しい内容の課題ですが、気は抜けません。答えが自由なのでどのような部分で評価されるのかがわかりにくいですが、「思考力」「判断力」がポイントになります。問題３－１では旅行に持って行きたいものを選びますが、ただ好きなものを選ぶのではなく、根拠を持って選ぶことが大切です。例えば、旅行に持って行くには不適切な選択肢（ゾウ、パトカーなど）があり、それらに○をつけた場合、「現実的な思考力・判断力に欠けている」と評価されかねません。「海で遊びたいから浮き輪を持って行きたい」「みんなでピクニックをしたいからお弁当を持って行きたい」など、お子さまの回答に明確な理由が伴っているかどうかを、保護者の方はチェックしてください。

【おすすめ問題集】
Ｊｒ・ウォッチャー12「日常生活」

問題4　分野：課題遊び／ＡＯ型入試

〈準備〉　サイコロ、マグネットの駒

〈問題〉　（３～５人のグループに分かれて行う）
【すごろく】
①「いろんな顔、どんな顔」という歌を歌います。
②これからすごろくをします。１人ずつ呼ぶので、呼ばれたら前へ出て来てください。前に出て来たら、先ほど教えた「いろんな顔、どんな顔」の歌を歌いながらサイコロを転がします。サイコロの目の数だけマグネットの駒を動かします。駒が止まったマスに描かれてあるの顔のまねをしてください。１人２回ずつ行います。

【ダンス】
「もりのくまさん」の曲に合わせて、グループで振り付けを考えて踊ります。

〈時間〉　適宜

〈解答〉　省略

学習のポイント

集団テストは、コミュニケーション力や積極性が必要になります。歌やダンスの課題では、お子さまの性格によっては人前で歌うことに抵抗があり、俯いたり、小さな声で歌ってしまうかもしれません。しかし、小学校に入学すれば、たくさんのお友だちと関わる時間が各段に増えます。誰とでも楽しく交流できるよう、普段から人と関わる機会を工夫して設けるようにするとよいでしょう。例えば、公園に行って、初めて会うお友だちと遊んだり、スーパーに買い物に行った際、どこに陳列されているのかわからない商品があればお店の人に尋ねるなどです。

【おすすめ問題集】
新 運動テスト問題集、Ｊｒ・ウォッチャー28「運動」

問題5　分野：数量／一般入試

〈準備〉　クーピーペン（緑）

〈問題〉　**この問題の絵は縦に使用してください。**
上の○、△、☆、×の部屋の中にはいろいろなものがあります。
①○と×の部屋のイチゴの数はいくつ違いますか。その数だけ○を書きましょう。
②☆と△の部屋のメロンの数を合わせるといくつになりますか。その数だけ○を書きましょう。
③○と△の部屋のくりの数を合わせるといくつになりますか。その数　だけ○を書きましょう。
④全部の部屋にあるメロンを３個ずつ箱に入れます。箱はいくつあるとよいですか。その数だけ○を書きましょう。

〈時間〉　各10秒

〈解答〉　①○：2　②○：8　③○：9　④○：5

学習のポイント

本問は、基本的な数量概念があるかどうかを観ているものです。おおよそのお子さまは、きちんと数えることができれば、和や差はわかるでしょう。ですから、解答時間も短く設定されているものと思われます。確実に正解を取りたい問題ですが、〇の書き方ひとつで、そのお子さんの様子も映し出してしまうので、〇はきちんと丁寧に書くことを日頃から心がけましょう。①②③は数量の問題の中でも、数の和や差を求める基本的な問題です。数え忘れや、重複数えがないよう、数えたイラストに小さくチェックをつけながら、解答していくとよいでしょう。④は数の分配の問題です。お子さまが解答を間違えてしまった場合は、どこで間違えていたのかを保護者の方が確認してください。メロンの総数を数え間違えていたのか、メロン３つで１箱を作る段階で間違えていたのかを把握できれば、対策を練ることができます。

【おすすめ問題集】
Ｊｒ・ウォッチャー14「数える」、38「たし算・ひき算１」、
39「たし算・ひき算２」

問題６　分野：常識（理科）／一般入試

〈準備〉　クーピーペン（ピンク、青、緑、オレンジ）
※事前に問題６の絵の○を指定された色で塗っておく。

〈問題〉　動物たちがお話をしています。それぞれのお話を聞いて、その段の左端の○と同じ色のクーピーペンで正解だと思う動物に○をつけましょう。

①水の入ったコップにオレンジのシロップを入れました。量を間違えて入れたので甘くなりすぎました。美味しくするのにどうすればよいか話し合います。ゾウさんは「お水を少し入れるといいよ」と言いました。リスさんは「お塩を少し入れるといいよ」と言いました。ネコさんは「冷やしたらいいよ」と言いました。ヒツジさんは「もう少しシロップを入れるといいよ」と言いました。正しいことを言っている動物に○をつけましょう。
②空のペットボトルを水槽に入れるとどうなるかを話し合います。ゾウさんは「沈んでしまうよ」と言いました。リスさんは「水槽の途中まで沈むよ」と言いました。ネコさんは「水面に浮くよ」と言いました。ヒツジさんは「蓋の方が上になって浮くよ」と言いました。正しいことを言っている動物に○をつけましょう。
③砂場で砂の船を作るのに、崩れないようにするにはどうしたらよいか話し合います。ゾウさんは「砂に水をたくさん混ぜて泥にして作るといいよ」と言い、リスさんは「穴をたくさん掘るといいよ」と言い、ネコさんは「サラサラの砂で作ればいいよ」と言い、ヒツジさんは「水で少し砂を湿らせて作るといいよ」と言いました。正しいことを言っている動物に○をつけましょう。
④スイカはいつの季節の物でしょうか、と聞かれて、ゾウさんは「春からお店に出ているから春の果物だよ」と言いました。リスさんは「秋にもお店にあるから秋の果物だよ」と言いました。ネコさんは「夏に多くお店に出ているから夏の野菜だよ」と言いました。ヒツジさんは「夏に多くお店に出ているから夏の果物だよ」と言いました。正しいことを言っている動物に○をつけましょう。

〈時間〉　各10秒

〈解答〉　①ゾウ　②ネコ　③ヒツジ　④ネコ

学習のポイント

理科的な知識が必要なため、一見難しく見えますが、日頃の生活を通して体験できるものばかりです。例えば、③の問題を言葉で説明しようとしても、なかなかお子さまの理解は得られないでしょう。ですから、口で説明するよりも、実際にお子さま自身に砂遊びをさせて、素材や作り方によって崩れやすさがどう変化するかを確認することをおすすめいたします。また、お子さまに遊ばせる前に、結果がどうなるのかを考えさせるとよいです。④の問題ですが、お子さまは食べ物の旬をどこまで知っていますか。今は、いろいろな食材が１年を通してお店に並んでいるため、旬という概念が薄れてきています。本を読んだり、お手伝いをすることを通して、季節の食材や行事などの知識を獲得していくとよいでしょう。

【おすすめ問題集】
Ｊｒ・ウォッチャー27「理科」、55「理科②」

問題7　分野：巧緻性／一般入試

〈準備〉　クーピーペン（ピンク、青、オレンジ）

〈問題〉　①ピンク色のクーピーペンで、左の四角の中の形と、同じ形を右の四角の中に書きましょう。できるだけ同じ大きさで、たくさん書きましょう。
②オレンジ色のクーピーペンで、左の四角の中の形と、同じ形を右の四角の中に書きましょう。できるだけ同じ大きさで、たくさん書きましょう。
③青色のクーピーペンで、左の四角の中に好きな形を書き、その形をお手本にして、右の四角の中に同じ形を書きましょう。できるだけ同じ大きさで、たくさん書きましょう。
④①の左の四角の中の形を、１つの色を使って丁寧に塗りましょう。
⑤②の左の四角の中の形を、２つの色を使って丁寧に塗りましょう。

〈時間〉　５分

〈解答〉　省略

学習のポイント

問題ごとに、使うクーピーペンの色が異なるので、まず、しっかりと指示を聞くことが大切です。また、「できるだけ同じ大きさで、たくさん書く」「１つ（２つ）の色を使って丁寧に塗りましょう」という指示もありますから、落ち着いて細かい作業をする必要があります。このように、本問では、主に指示を理解できているか、丁寧に作業ができているかの２点を評価されます。焦らずに取り組むことができるよう、ご家庭で練習する際は、問題を始める前に「落ち着いてやれば○○にはできる課題だよ」と一声かけると、お子さまもリラックスして臨めるでしょう。

【おすすめ問題集】
実践 ゆびさきトレーニング①・②・③、Ｊｒ・ウォッチャー23「切る・貼る・塗る」

問題8　分野：絵画／一般入試

〈準備〉　Ｂ４の画用紙、クレヨン（20色）

〈問題〉　（問題８の絵を見せる）
この卵から虹色の生き物が生まれました。生き物は空に登って、宇宙まで行きました。その生き物とあなたが、一緒に宇宙で遊んでいる絵を描きましょう。

〈時間〉　適宜

〈解答〉　省略

学習のポイント

お子さまは、どのような絵を描いたでしょう。保護者の方が予想していたものでしたか。それとも予想外のものだったでしょうか。絵に制限はありませんので、自由に、のびのびと描きましょう。指導をする際、お子さまに制限をかけるような声かけをするのはおすすめできませんが、提示されたお約束からかけ離れ過ぎた絵を描いていた場合は、「お約束をもう一度一緒に確認してみよう」と言い、軌道修正をしてみてください。また、絵を描くときは、描く本人の気分が大切です。絵を描くことを楽しめる、リラックスした環境作りを保護者の方は工夫して設けてください。例えば、楽しいお話をしたあとに描いたり、読み聞かせと組み合わせて感想画を描くなどしてもよいと思います。

【おすすめ問題集】

Ｊｒ・ウォッチャー22「想像画」、24「絵画」

問題９　分野：親子活動／一般入試

〈準備〉　赤と青のプラカード(各２本ずつ)

〈問題〉　この問題は絵を参考にしてください。

(問題９の絵を参考に、赤と青のプラカードを親子で、それぞれ１本ずつ手に持つ)

これから質問をいくつかします。お子さまは自分の答えの色のプラカードを、保護者の方は、お子さまが選ぶと思う色のプラカードを挙げてください。

・ハンバーグとオムライス、どちらが好きですか。ハンバーグなら赤、オムライスなら青のプラカードを挙げてください。
・読書をするなら、「ヘンゼルとグレーテル」と「シンデレラ」のどちらを読みたいですか。「ヘンゼルとグレーテル」なら赤、「シンデレラ」なら青のプラカードを挙げてください。
・ウサギとイルカ、どちらが好きですか。ウサギなら赤、イルカなら青のプラカードを挙げてください。
・水族館と遊園地、どちらが好きですか。水族館なら赤、遊園地なら青のプラカードを挙げてください。

〈時間〉　適宜

〈解答〉　省略

学習のポイント

「子どもの好みを完璧に把握していないといけない」と気負う必要はありませんが、プラカードの色がたくさん一致するほど、親子間のコミュニケーションが取れていると判断されるのでしょう。しかし、最も大切なことは、課題に取り組んでいるときの親子の様子です。緊張して、動作がぎこちなくなったり、表情が固いご家庭より、親子活動を楽しんでいるご家庭の方が、親子間の関係が良好であると試験官は観るでしょう。普段から、親子でたくさん会話をし、様々な経験を積むことで、明るく、健康的な関係性は築くことができます。一朝一夕でできるものではありませんから、日々の積み重ねが重要です。

【おすすめ問題集】
新 口頭試問・個別テスト問題集、新ノンペーパーテスト問題集、
Ｊｒ・ウォッチャー29「行動観察」、

問題10 分野：親子活動／一般入試

〈準 備〉 ※あらかじめ、問題10の絵を切り離しておく。

〈問 題〉 保護者がジェスチャーゲームの練習をしている間、受験者は別室で自由遊びを行う。魚釣り、的当て、積み木、カラーボールなどが用意されている。

(★のマークがついているカード５枚を裏返しにしておく)
・保護者は、１人１枚カードを引き、描いてある絵のジェスチャーを練習する。10分後、受験者と合流し、受験者の前でジェスチャーを披露する。受験者が答えを言う。受験者も同じジェスチャーができるように、保護者と一緒に練習する。練習が終わったら、受験者は試験官にジェスチャーを披露する。「それは何のジェスチャーですか」と質問があるため、「〇〇です」と答える。

(☆のマークがついているカード５枚を裏返しにしておく)
・保護者の１人が１枚カードを引き、描いてある絵のジェスチャーを練習する。配役や場面は相談して決める。10分後、受験者と合流し、受験者の前でジェスチャーを披露する。受験者が答えを言う。受験者も同じジェスチャーができるように、保護者と一緒に練習する。練習が終わったら、受験者全員で試験官にジェスチャーを披露する。「それは何のジェスチャーですか」と質問があるため、「〇〇です」と答える。

〈時 間〉 適宜

〈解 答〉 省略

家庭学習のコツ① **「先輩ママのアドバイス」を読みましょう！**

本書冒頭の「先輩ママのアドバイス」には、実際に試験を経験された方の貴重なお話が掲載されています。対策学習への取り組み方だけでなく、試験場の雰囲気や会場での過ごし方、お子さまの健康管理、家庭学習の方法など、さまざまなことがらについてのアドバイスもあります。先輩ママの体験談、アドバイスに学び、ステップアップを図りましょう！

学習のポイント

一般入試の親子活動の課題です。例年行われているこの課題は、年度によって内容が少しずつ異なりますが、親子の意思疎通を観点としているところは共通しています。結果（ジェスチャーの出来映えなど）よりも親子で会話をして、共通の目標を達成しようとする姿勢を評価されると考えて、よそゆきの態度や姿勢をとらないようにしてください。基本的な姿勢としては、保護者の方がお子さまに考えを押し付けるのではなく、お子さまが積極的に「〜しよう」と発言し、保護者の方が適切なアドバイスをするという形が理想的でしょう。お子さまの積極性・能力と、保護者の方のお子さまへの理解の両方がアピールできるよう、どのような立ち回りがよいかを一度考えてみてください。

【おすすめ問題集】
新 口頭試問・個別テスト問題集、Ｊｒ・ウォッチャー29「行動観察」

問題11　分野：行動観察／一般入試

〈準 備〉　雑巾（少し湿らせたもの）、バケツ、物干し竿、凹凸のあるブロック

〈問 題〉　この問題の絵はありません。

【集団】
（５、６人のグループで行う）
これから動物しりとりをします。私（試験官）が最初の言葉を言うので、それに続けて、グループでしりとりをします。動物の名前だけでしりとりをしましょう。

【個人】
・机の上に雑巾があります。１人１枚ずつ取って、バケツの上で絞り、自分が使った机とイスを拭きましょう。その後、雑巾を物干し竿に掛けてください。（バケツに水はなく、絞ったふりとする）

【個人】
・ブロックを10個繋げてください。
・白いブロックを３個繋げてください。
・赤、緑、白のブロックを１ずつ繋げたものを作ります。繋げ方が違うブロックを、できるだけたくさん作ってください。

〈時 間〉　適宜

〈解 答〉　省略

学習のポイント

集団で行う行動観察は、使える単語が限られたしりとりが出題されました。動物しりとりの他に、フルーツしりとりや、赤いものしりとりもあったそうです。限られた範囲で、たくさんの語彙を知っている必要があるため、難易度はやや高い問題と言えます。個人の行動観察は、雑巾絞りが出題されました。2021年度入試では、水が入ったバケツが用意され、実際に絞る課題でしたが、今年度は絞ったふりをする課題でした。今は、雑巾を使う機会は減っていることで、水気をしっかり取る絞り方ができないお子さまが多いと思われます。しかし、「絞る」という行為は、雑巾を使うときに限らず、必要になる場面が必ずあります。試験対策というよりは、必要な生活力を身につけるために、保護者の方はお子さまに、やり方を指導するようにしてください。

【おすすめ問題集】
新 口頭試問・個別テスト問題集、Ｊｒ・ウォッチャー30「生活習慣」

問題12　分野：運動／一般入試

〈準 備〉　コーン、鉄棒、ボール

〈問 題〉　**この問題の絵はありません。**
(上履きと靴下を脱ぎ、裸足で行う。指定された場所に、指示通りに畳んだ靴下と上履きを置く)
(鉢巻を腰に巻き、リボン結びをする)
・かけっこをします。コーンまで走ってください。
・先生が「やめ」と言うまで鉄棒にぶら下がってください。(５秒間)
・スタートの場所でボールを５回つきます。その後、緑の線までボールを持って走り、緑の線から遠くに向かってボールを投げます。先生が笛を鳴らしたら、ボールを拾いに行きます。拾ったらボールを持って走り、コーンを周り、スタートの位置まで戻ってきます。

〈時 間〉　適宜

〈解 答〉　省略

学習のポイント

懸垂やボール投げなど、女子には少しハードルの高い課題ですが、できなかったからといって、評価が低くなるわけではありません。懸垂で落ちてしまっても、すぐにやり直したり、１回目でボールが上手く投げられなかったとしても、２回目で工夫して投げる姿勢を見せることができれば、充分な評価を得ることができるでしょう。お子さまが運動が苦手だったとしても、こうした姿勢を見せることはできるはずです。あきらめずに最後までやりぬくという気持ちを持つようにしてください。そうしたところはきちんと評価してくれます。最後に、課題が終わって気が緩むところではありますが、はちまきを返す際に、畳んで先生に渡すことを忘れないようにしましょう。

【おすすめ問題集】
新 運動テスト問題集、Ｊｒ・ウォッチャー28「運動」

家庭学習のコツ②　「家庭学習ガイド」はママの味方！

問題演習を始める前に、試験の概要をまとめた「家庭学習ガイド（本書カラーページに掲載）」を読みましょう。「家庭学習ガイド」には、応募者数や試験科目の詳細のほか、学習を進める上で重要な情報が掲載されています。それらの情報で入試の傾向をつかみ、学習の方針を立ててから、対策学習を始めてください。

2022年度以前の過去問題

問題13　分野：保護者面接／ＡＯ型入試・一般入試

〈準備〉　なし

〈問題〉　この問題の絵はありません。

【ＡＯ型入試】
（推薦書、願書に記載された内容を元に質問がなされる）
・本校に合格したら、必ず入学させることに間違いはありませんか。
・ご職業について詳しくお聞かせください。
・本校で、お子さまにはどのように育って欲しいですか。
・本校はオンライン授業を実施していますが、それについてどう思いますか。
・「すずかけ」や「つばさ」がよいと思ったのはなぜですか。
・普段、お子さまとどのように過ごされていますか。
・お子さまにはどのようなことを期待していますか。
・お子さまとご両親で似ている点はありますか。
・お父さま（お母さま）はお子さまにとってどのような存在だとお考えですか。

【一般入試】
・志望理由をお聞かせください。
・本校には何回来校されたことがありますかまた、どのような印象をお持ちになりましたか。
・「つばさ」の体験学習の中で、どのような教育をよいと思われましたか。
・お子さまの名前の由来をお聞かせください。
・お子さまが最近挑戦していることはありましたか。
・お父さま（お母さま）はお子さまにとってどのような存在だとお考えですか。
・ご自身に好きで取り組んでいることはありますか。
・最近感動された出来事はありますか。
・オリンピックはお子さまとご覧になりましたか。

〈時間〉　10分～15分程度

〈解答〉　省略

［2022年度出題］

学習のポイント

面接は、ＡＯ型、一般ともに、面接官１名に対して保護者２名で行われます。いずれの面接でも、学校行事の感想が必ず聞かれるので、可能な限り参加するようにしてください。また、説明会や行事に参加する時は、ただ参加しただけでなく、何が印象に残ったか、どうしてそれが印象に残ったのかという点も話せるようにしておきましょう。面接では、母親だけでなく父親にも志望動機や教育方針についての質問があります。矛盾が生じないように事前に話し合っておいてください。当校では父親の意志や希望も評価の対象になっているので、その場にいるだけでは、意味がありません。また、ＡＯ型入試の場合、願書提出時に保護者の方が推薦書を書かなければなりません。「保護者の自己紹介」「当校の教育がすぐれていると考える理由」「当校の教育がお子さまにどのように有益か」などの８項目を、各項目Ａ４サイズ半分程度のスペースに記入します。これらをもとに、さらに面接で質問されることになるので、保護者の推薦書は重要な位置付けになります。

【おすすめ問題集】
新 小学校受験の入試面接Ｑ＆Ａ、入試面接最強マニュアル

問題14　分野：行動観察（運動）／ＡＯ型入試

〈準備〉　カラーボール、動物の的、鉄棒

〈問題〉　この問題の絵はありません。
①的当てをします。カラーボールを２つ取り、動物の的に向かって投げてください。投げ終わったら、ボールを拾ってお片付けをしてください。
②鉄棒につかまり、ぶら下がりをします。私（試験官）が「やめ」と言うまでぶら下がりましょう。

〈時間〉　①適宜　②５秒間

〈解答〉　省略

［2022年度出題］

学習のポイント

ボール投げや懸垂など、女の子にとっては難しい課題もあるでしょう。特に①のボールの扱いについては、日頃の遊びの中でもあまり使わず、慣れていないお子さまも多いかもしれません。ボールを遠くに投げるときは、ボールを地面ではなく、目線より上に放つ感覚で投げると上手くいきます。口頭で説明しても理解するのが難しいと思いますので、実際にボールで遊び、使い方に慣れておくとよいでしょう。こうした運動は「できる」だけでなく、「スムーズにできる」とよりよい評価を得られます。スムーズにできるということは、速くできるということではなく、指示通りにキビキビ動けるということです。

【おすすめ問題集】
新 運動テスト問題集、Ｊｒ・ウォッチャー28「運動」

問題15　分野：個別テスト／ＡＯ型入試

〈準備〉　クーピーペン（オレンジ）、ゼッケン
※あらかじめ、問題15-１の絵を動物の絵を隠すように点線部分で折る。問題15-２の絵を５つに切り離しておく。受験者はゼッケンを着用する。

〈問題〉　（４～５人のグループで行う）
（問題15-１の絵を渡す）
これからあみだくじをします。あみだくじの上にある○の中から１つを選んで、オレンジ色のクーピーペンで色を塗りましょう。
（あみだくじの結果を確認し、それぞれが当てた動物の顔が描かれたカードをゼッケンの後ろに貼る）
これから自分の背中に貼ってある動物を当てます。１人ずつ前に出て、背中をみんなの方に向けます。前に出た人はみんなに質問をして、動物が何か推理します。ただし、質問には「はい」か「いいえ」でしか答えてはいけないというルールがあります。質問の仕方は「それは白いですか？」「それは首が長いですか」というふうに行ってください。

〈時間〉　適宜

〈解答〉　省略

［2022年度出題］

学習のポイント

本問では、「細かい指示が聞けているか」「動物を当てるために質問の仕方をどのように工夫しているか」などが観られています。まず、細かいお約束事がたくさんありますから、指示をしっかりと聞き、適切な行動ができる必要があります。あみだくじを引く際、「○をクーピーペンで塗る」という指示がありますが、お子さまはどのように色を塗っていますか。色が○から大胆にはみ出ていたり、○の中を十分に塗れていない場合は、もう少し丁寧に色塗りをする必要があります。細部にこそ品性は現れるものですから、保護者の方は結果だけでなく、過程までもチェックするようにしてください。質問の仕方については、動物の検討がつきやすい質問をすることがおすすめです。例えば、「その動物はかわいいですか」という質問では、個人の主観によって答えが変わるため、検討をつけることが難しいです。「その動物は小さいですか」「その動物は耳が長いですか」など、誰に聞いても答えが同じになるような質問をすることがポイントになります。

【おすすめ問題集】
新 口頭試問・個別テスト問題集、Ｊｒ・ウォッチャー31「推理思考」

問題16　分野：個別テスト／ＡＯ型入試

〈準備〉　サイコロ、三角コーン（赤、青、緑各１個ずつ）

〈問題〉　この問題は絵を参考にしてください。

【サイコロかけっこ】
（問題16-１の絵を参考にしてください）
これから、「サイコロかけっこ」をします。スタートの場所にサイコロが置いてあるので、サイコロを投げます。出た目の数のお約束に従って、コーンを回って戻って来ます。サイコロの目のお約束は３つあります。
①１と２の目が出たら、赤のコーンを回って戻って来る。
②３と４の目が出たら、青のコーンを回って戻って来る。
③５と６の目が出たら、青のコーンを回って戻って来る。
お約束はわかりましたか。それでは、サイコロかけっこ１回戦を始めます。
（以降、サイコロかけっこを数回繰り返す）

【じゃんけんゲーム】
（問題16-２の絵を参考にしてください）
（５人グループ対５人グループで行う）
これから、「じゃんけんゲーム」をします。グループごとに１列に並んで、向かい合ってじゃんけんをします。１人ずつ親指から小指の役をします。どの役になるのか話し合って決めてください。決まったら、私（試験官）の近くから、親指、人差し指、中指、薬指、小指の順番で並び直してください。
（受験者が役を決め、並び直す）
グループの全員で何を出すか相談してから、じゃんけんをします。じゃんけんの手のお約束は３つあります。
①グーのときは、全員しゃがむ。
②パーのときは、全員立って大きくバンザイをする。
③チョキのときは、人差し指役と中指役の子が立ち、他の子はしゃがむ。
お約束はわかりましたか。それでは、じゃんけん１回戦を始めます。
（以降、じゃんけんを数回繰り返す）

〈時間〉　適宜

〈解答〉　省略

［2022年度出題］

学習のポイント

集団で行う行動観察の課題です。ゲーム感覚で楽しく取り組めますが、複雑なお約束があるため、それらをきちんと守り、落ち着いて取り組みましょう。「じゃんけんゲーム」では、グループのお友だちと相談して役割を決める手順があります。初めて会うお友だち同士では、話すのが恥ずかしくなり躊躇して、遠慮してしまい、なかなか役割が決まらないかもしれません。役割によって難易度や評価は変わりませんから、役割を奪い合ったりする必要はありません。頑張って仕切ったり、話し合いを静観するのではなく、「みんなで話し合おう」と声をかけ、会話がしやすい雰囲気作りができるとよいです。もし、やりたい役割が被ってしまった場合は、譲り合ったり、じゃんけんをするなど、みんなが納得できる方法で解決しましょう。

【おすすめ問題集】
新 口頭試問・個別テスト問題集、Ｊｒ・ウォッチャー29「行動観察」

問題17　分野：個別テスト／ＡＯ型入試

〈準備〉　クーピーペン（緑、オレンジ）

〈問題〉　【口頭試問】
教室に１人ずつ入室し、よい姿勢で指定の位置に立つ。試験官からの質問に答える。
・お名前を教えてください。
・幼稚園（保育園）の名前と、担任の先生の名前を教えてください。
・幼稚園（保育園）では、何をして遊びますか。
・お家では、何をして遊びますか。
・旅行するなら、どこへ行きたいですか。
・１番好きな食べ物を教えてください。
・お父さん（お母さん）の食べ物は何ですか。

【言語】
※あらかじめ、問題17-１の絵を封筒に入れておく
（封筒を見せる）
この封筒には絵が入っています。どんな絵が入っていると思いますか。
（受験者が答えたら、封筒の中に入っている絵を出して見せる）
絵を見てどう思いましたか。

【記憶】
（問題17-２の絵を見せる）
この絵を覚えてください。
（20秒後、問題17-２の絵を伏せて、問題17-３の絵を渡す）
ゾウがいたところには緑色の○、パンダがいたところにはオレンジ色の○を書きましょう。

〈時間〉　各30秒

〈解答〉　省略

［2022年度出題］

学習のポイント

例年、ＡＯ入試では簡単な口頭試問が実施されています。質問は答えに困るものではありませんから、思ったことや考えていることを素直に伝えられるとよいでしょう。また、起立の姿勢で行われるため、手足は真っ直ぐ伸ばし、顔と視線は試験官へ向け、明るく聞こえやすい声で話すことを意識してください。実際にご家庭で、試験と同じやり方で練習してみると、お子さまの態度や話し方、声量などが客観的に観察できるため、改善点が発見しやすいでしょう。言語に関しても同様のことが言えます。話すときの態度に加えて、話の内容がしっかりあると、豊かな想像力や、課題へのひたむきな様子が伝わりやすいですから、普段から読み聞かせをして、お話作りのポイントを抑えておきましょう。

【おすすめ問題集】
面接テスト問題集、新 口頭試問・個別テスト問題集

問題18 分野：数量／一般入試

〈準備〉 クーピーペン(ピンク、青、緑、オレンジ)
※あらかじめ、問題18－１の絵を指定された色に塗っておく。

〈問題〉 (問題18－１の絵を渡す)
色のついた四角の中にいろいろな形が書いてあります。これから質問をしますから、形が書いてある四角の色と同じ色のクーピーペンを使って解答しましょう。
(問題18－２の絵を渡す)
①緑色の四角に入っている左の形は、いくつありますか。その数だけ○を書きましょう。
②オレンジ色の四角に入っている左の形は、いくつありますか。その数だけ○を書きましょう。
③青色の四角に入っている左の形は、いくつありますか。その数だけ○を書きましょう。
④ピンク色の四角に入っている左の形は、いくつありますか。その数だけ○を書きましょう。

〈時間〉 各10秒

〈解答〉 ①○：３　②○：２　③○：４　④○：３

[2022年度出題]

家庭学習のコツ③ 効果的な学習方法～問題集を通読する

過去問題集を始めるにあたり、いきなり問題に取り組んではいませんか？　それでは本書を有効活用しているとは言えません。まず、保護者の方が、すべてを一通り読み、当校の傾向、ポイント、問題のアドバイスを頭に入れてください。そうすることにより、保護者の方の指導力がアップします。また、日常生活のさまざまなことから、保護者の方自身が「作問」することができるようになっていきます。

学習のポイント

解き方に指定はありませんが、ミスを防ぐには色から探すことをおすすめいたします。形から探すと、似ている形があるため、間違えて数えてしまうかもしれません。一方、色を見間違えることは少ないと思いますから、まずは色で選択肢を絞り、その中から正しい形を慎重に探していきましょう。本問は、正解に辿り着くまで、数、形、色といくつかのミスが起こりやすい段階があります。お子さまが間違えてしまった場合は、どの段階でミスをしたのかを保護者の方は把握してください。原因がわかれば、あとはそれに合わせた対策や練習ができます。数や形については、慎重に数え、数えたものには小さくチェックをつけていくことをおすすめいたします。色については、設問ごとに使用するクーピーペンの色が異なるため、問題をよく聞いてから取り組み始めましょう。聞く力は、例えば、読み聞かせをした際に、お話の内容についてクイズを出すと集中力や読解力を鍛えることができます。

【おすすめ問題集】
実践 ゆびさきトレーニング①・②・③、Ｊｒ・ウォッチャー14「数える」、37「選んで数える」

問題19　分野：図形／一般入試

〈準備〉　クーピーペン（ピンク、青、緑、オレンジ）

〈問題〉　左側の模様の書かれた折り紙を、点線で折ります。
①♡と重なる形はどれですか。ピンク色のクーピーペンで○をつけましょう。
②□と重なる形はどれですか。緑色のクーピーペンで○をつけましょう。
③●と重なる形はどれですか。オレンジ色のクーピーペンで○をつけましょう。
④☆と重なる形はどれですか。青色のクーピーペンで○をつけましょう。

〈時間〉　各10秒

〈解答〉　①左から２番目　②右から２番目　③右端　④右端

［2022年度出題］

学習のポイント

「重ねたときにどのように見えるか」ではなく、「重なる形はどれか」を問われているため、重ね図形の基本的な問題と言えます。ただし、設問によっては似た選択肢もあるため、注意深く観察することは必須です。重なり方をイメージしにくい場合は、実際に道具を使って確かめてみることがおすすめです。折り紙やクリアファイルに形を書いて、実際に折って観察してみると、重なる形だけでなく、重なったときの見え方までわかります。本問では、設問④が難易度が最も高いです。星の色の塗られ方が似通っているため、選択肢を落ち着いて観察するよう意識してください。

【おすすめ問題集】
Ｊｒ・ウォッチャー35「重ね図形」

問題20　分野：推理／一般入試

〈準備〉　クーピーペン（緑）

〈問題〉　上の四角にあるお手本を見てください。お手本の積み木の数も色も変えずに、1つだけ動かしてできる形を下の四角の中から選び、緑のクーピーペンで○をつけましょう。

〈時間〉　30秒

〈解答〉　下図参照

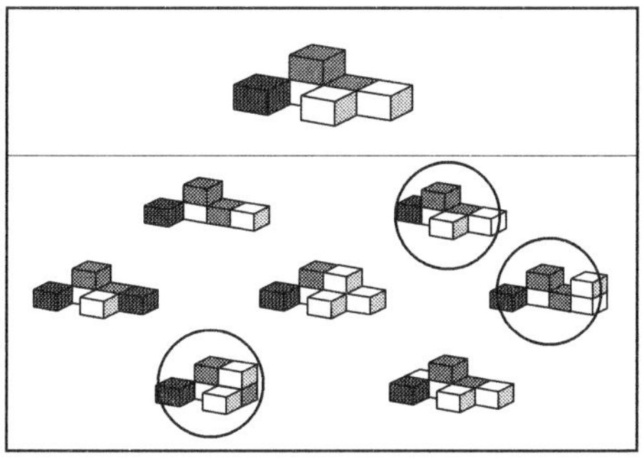

［2022年度出題］

学習のポイント

「お手本の積み木の色も形も変えずに」がポイントです。お手本の積み木の数は6個ですから、それ以外の数の積み木は選択肢から除外されます。数の違いは、数えればすぐにわかりますから、色より先に数を見ることをおすすめいたします。数が違う積み木を除外すると、選択肢は4つに絞ることができます。選択肢を減らすことで、1つひとつの積み木を観察する時間を長く設けることができ、ミスを防ぐことができます。保護者の方は、お子さまがどのような手順で解答をしていたかをみてください。もし、1つひとつ数と色を観察しているようでしたら、上述したような効率的な解き方に気付かせることで、正確性とスピードは向上するでしょう。

【おすすめ問題集】

Ｊｒ・ウォッチャー16「積み木」、53「四方からの観察（積み木編）」

問題21　分野：絵画／一般入試

〈準備〉　Ｂ４の画用紙、クレヨン（20色）、ビニール手袋

〈問題〉　**この問題の絵はありません。**

ある日、空から「ドスン」と音がして、あなたの目の前に何かが落ちてきました。あなたがそれで遊んでいる絵を描いてください。絵を描く前に、ビニール手袋をつけてください。絵を描く間は、ビニール手袋はずっとつけたままでいてください。絵を描き終わったらビニール手袋を取って、机の左上に置いてください。

〈時間〉　15分

〈解答〉　省略

［2022年度出題］

学習のポイント

楽しい課題なので、好きなものを描いてしまいがちですが、「ドスンと空から落ちてきたもので遊ぶ自分を描く」という指示があるので、テーマに沿った絵を描くようにしましょう。絵のクオリティを問われているわけではないので、何が描いてあるかわかるレベルであれば問題はありません。また、絵を描いている途中に、「何を描いていますか」と質問されます。その際、テーマをもとにどう展開していったのかを説明できると高評価につながるでしょう。そうした、想像する力や考えを発展させる力は、小学校入学後にも大いに役立つものです。上手に絵が描けることはもちろん重要なことではありますが、与えられたテーマをお子さまなりに考えて形にすることが、本問に求められていることと言えるでしょう。

【おすすめ問題集】
Ｊｒ・ウォッチャー22「想像画」、24「絵画」

問題22　分野：行動観察／一般入試

〈準備〉　イス、テーブル、お寿司の模型、割り箸、紙皿、ゴミ袋

〈問題〉　この問題の絵はありません。
（5人グループで行う）
今、みなさんの目の前には、お皿とお箸が1人1セットずつ用意されています。
テーブルの中央にはお寿司があります。
①グループのみんなで話し合って、なるべくたくさんお寿司を食べられるように上手に分けましょう。お寿司の数は全員が同じになるようにしてください。
②何個ずつ分けるか決まったら、それぞれ自分のお箸でお寿司を取ってください。取り終わったら、グループ全員で「いただきます」と言い、マスクをしながら食べる真似をしてください。
③食べ終わったら、グループ全員で「ごちそうさまでした」と言い、お寿司を自分が使ったお箸で元の場所に戻します。自分が使ったお皿とお箸はゴミ袋に捨ててください。

〈時間〉　適宜

〈解答〉　省略

［2022年度出題］

学習のポイント

入学後の給食のシミュレーションをしているような課題です。こうした課題では、普段の生活がそのまま出てしまいます。お家で食事を運んだり、配膳したりしていれば、スムーズにできることばかりなので、考えながら並べたりしているようでは、お手伝いをしていないことがわかってしまいます。本問はお皿１枚と箸１膳のみが使われていますが、食器の正しい配置をお子さまは知っていますか。意識をしていなければ、「茶碗とお椀はどっちが右でどっちが左か」はわからないものです。こうした生活体験を積み重ねることが、小学校受験対策そのものと言えます。どうしてもペーパー学習に偏りがちですが、それと同じくらい経験を重ねることが大切だということを理解しておいてください。

【おすすめ問題集】
新口頭試問・個別テスト問題集、新ノンペーパーテスト問題集、
Ｊｒ・ウォッチャー12「日常生活」、29「行動観察」、56「マナーとルール」

問題23　分野：親子活動／一般入試

〈準　備〉　なし

〈問　題〉　**この問題の絵はありません。**

【じゃんけんゲーム】
これから、じゃんけんゲームをします。親子で向かい合ってください。じゃんけんのお約束は４つあります。
①グーはしゃがむ。
②チョキは片方の手と、手とは逆の足を前に出す。
③パーは手足を横に大きく広げる。
④あいこのときは「ドン」と言う。先に言った方が勝ち。

【リズムゲーム】
まず、保護者の方が「このポーズと、このポーズと、このポーズはできますか」と言いながら自由に動作を考えて受験者に披露する。受験者は動作を真似ながら「このポーズと、このポーズと、このポーズはできますよ」と言う。役目を交代して再度行う。

〈時　間〉　適宜

〈解　答〉　省略

［2022年度出題］

学習のポイント

当校は、お子さまが楽しめる試験を行うことが特徴です。それがはっきり表れているのが、この親子活動の課題でしょう。この課題では、日頃の遊びをモチーフとした課題で、ご家庭で過ごされている様子や、親子の関係が観られていると考えられます。保護者の方にとっては恥ずかしいと感じることもあるかもしれませんが、日頃の親子の様子が観られているので、ご家庭で過ごすときと同じように、お子さまと楽しく遊びましょう。学習の合間に、気分転換として一緒に遊ぶ時間を作る、家族で外に出かけるなどして、お子さまと一緒に過ごす時間を大事にしてください。

【おすすめ問題集】
新 口頭試問・個別テスト問題集、Ｊｒ・ウォッチャー29「行動観察」

問題24　分野：親子活動／一般入試

〈準 備〉　なし

〈問 題〉　この問題の絵はありません。

親子５人ずつのグループで行う。保護者と受験者で違う部屋に移動し、子どもは課題遊び、保護者はジェスチャーゲームの練習をする。

(子どもの課題遊び)
いろいろな表情の絵が描かれたカードが裏返しになっている。１人１枚ずつカードを引き、最も多い表情のカードを使う。どうしてそのような表情になったのかみんなで話し合い、お話作りをする。

(親子活動)
保護者にテーマが与えられる。テーマに沿って、配役やジェスチャーを相談して決める。10分後、受験者と合流し、受験者の前でジェスチャーを披露する。受験者はジェスチャーを見た後、後ろを向く。保護者は１箇所だけジェスチャーを変える。再び、受験者が前を向き、先ほどと変わった箇所を当てる。

〈時 間〉　適宜

〈解 答〉　省略

[2022年度出題]

学習のポイント

「親子のコミュニケーション」と「保護者同士のコミュニケーション」が観られています。それに加え、「ジェスチャーを考えて披露する」というハードルの高い課題が加わるので、保護者の方にとっては難問に感じるかもしれません。ジェスチャーが上手かどうかは関係ありません。学校側が観ているのは、「普通」にコミュニケーションがとれているかどうかです。特に、保護者同士の相談を注意深く観ていたということなので、入学後の母親同士の関係を気にかけているのかもしれません。その時間、お子さまは別室で神経衰弱をして過ごすということです。ジェスチャーに関しては、恥ずかしがっていてもよいことは何もないので、思い切って楽しみながら踊りましょう。

【おすすめ問題集】
新 口頭試問・個別テスト問題集、Ｊｒ・ウォッチャー29「行動観察」

問題25　分野：行動観察（推理）／一般入試

〈準備〉　碁石

〈問題〉　指示に従って、碁石を動かしてください。
①リンゴが描かれているマスすべてに碁石を置いてください。
（置き終わったら、問題25の絵の上に碁石がない状態にする）

今度は、じゃんけんをしてから碁石を動かします。碁石の動かし方に３つのお約束があります。
・勝ったら下に２マス動かす。
・負けたら右に１マス動かす。
・あいこのときは動かさない。

②ネズミさんは☆のところにいます。そこで、じゃんけんをしたら１回勝って、１回負けました。ネズミさんがいるところに碁石を置いてください。
③ヒツジさんは★のところにいます。そこで、じゃんけんをしたら１回勝って、２回負けました。ヒツジさんがいるところに碁石を置いてください。
④ウサギさんは○のところにいます。そこで、じゃんけんをしたら２回勝って、１回あいこで、３回負けました。ウサギさんがいるところに碁石を置いてください。
⑤あなたは●のところにいます。今から先生とじゃんけんを３回します。お約束通りに碁石を置きましょう。

〈時間〉　①10秒　②③④10秒　⑤適宜

〈解答〉　①省略　②③④下図参照（碁石の代わりに動物の顔を配置しています）　⑤省略

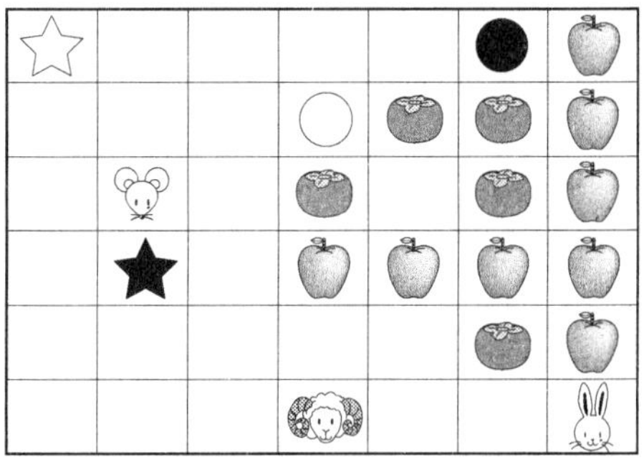

［2022年度出題］

家庭学習のコツ④　効果的な学習方法～お子さまの今の実力を知る

１年分の問題を解き終えた後、「家庭学習ガイド」に掲載されているレーダーチャートを参考に、目標への到達度をはかってみましょう。また、あわせてお子さまの得意・不得意の見きわめも行ってください。苦手な分野の対策にあたっては、お子さまに無理をさせず、理解度に合わせて学習するとよいでしょう。

学習のポイント

指示をよく聞いていなければ正解できない問題が多く出題されていることが、当校入試の特徴の１つです。本問は、碁石の動かし方のお約束が比較的わかりやすい、やさしい問題ですが、正確を期するなら、指を使って確認していくとよいでしょう。お約束を思い出しながら、頭の中で碁石を動かすよりも、実際に道具を動かして解く方が、正確な確認の作業ができます。設問①～③のお約束に基づいて、じゃんけんの結果を碁石に反映させる流れができるようになれば、碁石の位置からじゃんけんの結果を予測するという逆の思考にも取り組んでみてはいかがでしょうか。この論理的思考力は、小学校に入ると必要になるものです。ご家庭での学習では、ハウツーやテクニックを身に付けるのではなく、応用力や思考力を養うことを目的としてください。

【おすすめ問題集】
新 口頭試問・個別テスト問題集、Ｊｒ・ウォッチャー31「推理思考」

問題26　分野：行動観察／一般入試

〈準備〉　碁石
※あらかじめ、問題26の絵を指定された色で塗っておく

〈問題〉　この問題の絵は縦に使用してください。
動物たちが的当てをします。赤色のところに当たると３点、青色のところに当たると２点、黄色のところに当たると１点がもらえます。どの色の的にも当たらなければ０点です。動物たちは、それぞれ３回ずつ的にボールを投げます。

①トラさんは青色に２回、黄色に１回当たりました。トラさんの点数の数だけ、右の四角の中に碁石を置いてください。
②リスさんは赤色に２回、黄色に１回当たりました。リスさんの点数の数だけ、右の四角の中に碁石を置いてください。
③キリンさんは赤色に１回、青色に１回、黄色に１回当たりました。キリンさんの点数の数だけ、右の四角の中に碁石を置いてください。
④（あらかじめ、ゾウさんの青○のところに碁石を３つ置いておく）
ゾウさんは青色に３回当たりました。パンダさんは１回目はどの色の的にも当てられませんでした。パンダさんがゾウさんと同じ点数になるには、何色の的に何回ボールが当たればよいですか。その色の○に、その数だけ碁石を置いてください。

〈時間〉　各10秒

〈解答〉　①５個　②７個　③６個　④赤○：２個

［2022年度出題］

学習のポイント

設問①～③は、シンプルなたし算の問題です。計算ミスをしないことのほかに、的の点数を覚えておくことが必要ですから、最初に説明されるお約束はしっかりと集中して聞きましょう。設問④は点数から的の色を推測する問題です。計算が複雑になり、ミスが発生しやすいため、１つひとつ整理し、落ち着いて考えることがポイントになります。まず、ゾウさんの点数を考えます。青色の的に３回当たったということは６点です。次に、パンダさんの点数を考えます。１回目は何色にも当たらなかったため０点です。ボールは３回ずつ投げられるため、パンダさんはあと２回で６点を獲得しなければいけません。すると、赤色の的に２回ボールを当てたらよいということがわかります。このように、順番に考えていくと、複雑には感じませんから、お子さまにアドバイスとして伝えてみましょう。

【おすすめ問題集】
Ｊｒ・ウォッチャー14「数える」、37「選んで数える」、38「たし算・ひき算１」、39「たし算・ひき算２」

問題27　分野：運動／一般入試

〈準 備〉　的、ボール、テープ

〈問 題〉　この問題の絵はありません。
①的に向かってボールを２回投げる。投げ終わったらボールを拾いに行く。
②床に貼られた○に従って、ケンケンパをする。ただし、踏んではいけない○があるため、その○は飛び越えて進む。
③スタートから、緑の線までスキップをする。緑の線を超えたら、ゴールまで走る。

〈時 間〉　適宜

〈解 答〉　省略

［2022年度出題］

学習のポイント

例年、当校の運動の課題は、ボールの投げ、バランス感覚、指示された動きでのかけっこなどが出題されています。内容自体は難しいものではないですが、ボールの扱いや特殊な動き（スキップ、アザラシ歩き、クマ歩きなど）に慣れていると、どのような課題にも対応していけるでしょう。また、①～③の課題は連続して行います。サーキット運動なので、運動が「できる」だけでなく、「スムーズにできる」とよりよい評価を得られます。スムーズにできるということは、速くできるということではなく、指示通りにキビキビ動けるということです。例えば、設問①では、ボール拾いの指示があります。運動をしていないところも観られていることを意識して、投げ終わったら、すぐにボールを拾いに行き、次の課題へ移行できるようにしましょう。

【おすすめ問題集】
新 運動テスト問題集、Ｊｒ・ウォッチャー28「運動」

問題28 分野：志願者面接／ＡＯ型入試

〈準 備〉 なし

〈問 題〉 この問題の絵はありません。

・お名前を教えてください。
・誕生日を教えてください。
・お父さま、お母さまの名前を教えてください。
・兄弟（姉妹）はいますか。名前を教えてください。
・兄弟（姉妹）と何をして遊んでいますか。
・お家でどんなお手伝いをしていますか。
・今日の朝は何を食べましたか。
・あなたが好きな食べ物は何ですか。
・あなたが好きなことは何ですか。
・習い事は何をしていますか。いつから習っていますか。
・あなたが好きな恐竜は何ですか。どんなところが好きですか。

〈時 間〉 10分

〈解 答〉 省略

[2021年度出題]

学習のポイント

当校のＡＯ入試では、考査日当日は志願者のみに面接が行われます。志願者面接はお子さま自身のことや家族との関係に関する質問がほとんどですので、特別な対策の必要はありません。面接官と正対して着席するという面接ではなく、ついたてを挟んで設置された２ヵ所の面接場所を順に進んでいくという形で行われるため、かしこまった面接と言うよりも、口頭試問に近いものと考えてください。回答も質問に沿った内容なら問題ありません。面接官が理解できないような、よほど突拍子もないものでない限り、マイナス評価にはならないでしょう。例年似ている質問が多く出題されますが、保護者の方は、台本を用意するかのように、あらかじめ答えを用意するということをせず、お子さまが自分の言葉で回答できるようにうながしてください。

【おすすめ問題集】
面接テスト問題集、新 口頭試問・個別テスト問題集

問題29　分野：行動観察（運動、制作）／ＡＯ型入試

〈準 備〉　紙飛行機用の折り紙

〈問 題〉　【運動】

この問題は絵を参考にしてください。

①２人組になって、並んでスキップをして、コースを１周。

②片足跳び、アザラシ歩き、クマ歩き、クモ歩きでコースを１周（指示によって歩き方を変える）。

③数人ずつ横に並んで、「よーいどん」の合図でコースを１周かけっこする。

④先生の動きを真似して、腕を伸ばしたり、膝を曲げたりする。

【制作】

先生が折っているのを見ながら、一緒に紙飛行機を折りましょう。紙飛行機ができたら、決められた線からみんなで飛ばして遊んでください。遊び終わったら、先生にプレゼントしましょう。

【行動観察】

みんなで「だるまさんがころんだ」をしましょう。

〈時 間〉　適宜

〈解 答〉　省略

[2021年度出題]

学習のポイント

本問は、運動や制作を含めた行動観察という形で行われています。行動観察は一般的にグループでの課題が多く、協調性が大きな観点になることが多いのですが、当校のＡＯ型入試では、協調性はそこまでのウエイトは占めていません。本問で観られているポイントは、指示を聞いて、それを守れているかどうかということです。その意味では、本問の課題に取り組む際には、指示行動がしっかりできているかを意識すればよいということになります。個々の課題は難しいものではありませんし、課題の達成度が評価を左右するということもありません。課題の出来不出来よりも、課題に取り組む姿勢の方が重要なのです。

【おすすめ問題集】

実践　ゆびさきトレーニング①・②・③、新運動テスト問題集

Ｊｒ・ウォッチャー23「切る・貼る・塗る」、28「運動」、29「行動観察」

問題30　分野：行動観察（生活常識）／一般入試

〈準備〉　雑巾、バケツ、レシピカードゲームのカード
※レシピカードゲームは、指定されてたレシピの食材が描かれたカードを集めるゲームです。

〈問題〉　この問題の絵はありません。
（４人のグループで行う）
①グループで相談をして、どこを雑巾がけするか決めてください。
②決まった場所を雑巾がけしてください。
③雑巾がけが終わったら、雑巾をバケツの水で洗って絞り、干してください。

（６人のグループで行う）
グループで、レシピカードゲームで遊んでください。

〈時間〉　適宜

〈解答〉　省略

［2021年度出題］

学習のポイント

入学後の掃除の時間をシミュレーションしているような課題です。掃除は学校だけではなく、ご家庭でも行っているので、お家でどのように雑巾を扱い、どこを掃除するか、使用した雑巾をどのようにきれいにして干しているかは、お手伝いをしていれば迷うことはないはずです。雑巾をバケツで洗って絞る際に、ただ水につけているだけだったり、水滴が垂れるほどの状態でうまく絞れていなかったりしたら、お手伝いをしていないことがわかってしまいます。普段目にしていることでも、意識をして実際に取り組んでみなければ身に付かないことが多くあります。小学校受験の対策のためにペーパー学習にウエイトを置きがちになってしまいますが、身近な生活体験を積み重ねることも大切だと理解しておいてください。

【おすすめ問題集】
新口頭試問・個別テスト問題集、新ノンペーパーテスト問題集、
Ｊｒ・ウォッチャー12「日常生活」、29「行動観察」、56「マナーとルール」

問題31　分野：運動／一般入試

〈準備〉　リボン、コーン、ゴムボール（野球ボールサイズ）

〈問題〉　この問題は絵を参考にしてください。
①リボンを腰に巻いて、背中で固結びをしてください。
②走る、スキップ、片足跳びなどで、コーンを回って戻ってきてください。
③できるだけボールを遠くに投げてください（２回）。
④リボンを先生に返してください。

〈時間〉　適宜

〈解答〉　省略

［2021年度出題］

学習のポイント

リボンを後ろで固結びをしたり、遠投をしたりと普段行わないことをするので、少々難しく感じるお子さまもいらっしゃる課題かもしれません。この課題も出来不出来が評価につながるわけではありません。上手にできなくても、すぐにやり直したり工夫したりして行う姿勢が見せられたら、十分な評価を得ることができるでしょう。わからないことや難しい課題に対しても、諦めることなく最後までやりぬくという気持ちを持つようにこころがけてください。運動が苦手でも、そうしたところはきちんと評価してくれます。運動の課題が終わると安心して気が緩むところではありますが、リボンを先生に返すところまでが課題です。先生に返す際は、畳んで先生に渡すことを忘れないようにしましょう。

【おすすめ問題集】
新 運動テスト問題集、Jr・ウォッチャー28「運動」

問題32　分野：巧緻性／一般入試

〈準 備〉　クーピーペン（ピンク、緑）

〈問 題〉　①点線をピンク色のクーピーペンできれいになぞって、絵を描いてください。
②2匹のコアラを緑色のクーピーペンで丁寧に塗ってください。

〈時 間〉　適宜

〈解 答〉　省略

［2021年度出題］

学習のポイント

本問はクーピーペンを使用して行われます。小学校受験では、鉛筆やクレヨン、サインペン、マジックペンなど、さまざまな筆記用具が使用されますが、筆記用具によって、持ちやすさや書きやすさ、線の太さなどの違いがあります。そのため、お絵描き遊びなどを通して、さまざまな筆記用具に慣れておくことが大切です。線をなぞる、色を塗るという作業自体は難しいものではありません。しかし、簡単な作業でも集中して行いましょう。周囲の状況に気を取られず、課題にどれだけ集中できるかということも本問の観点と言えます。点線の上や絵からはみ出さないことは当然です。そのほかにも、線の濃さを一定に保ったり、はみ出さずに上手に線を引くために線を引く速度の調節をしたりするなどの工夫をすれば、筆記用具の使い方が上達します。

【おすすめ問題集】
Jr・ウォッチャー24「絵画」、51「運筆①」、52「運筆②」

問題33　分野：行動観察（親子活動）／一般入試

〈準 備〉　なし

〈問 題〉　**この問題の絵はありません。**

①先生と一緒に「パンダ・ウサギ・コアラ」の手遊びをします。次に、真似をする動物を変えて、ポーズを自分で考えてください。３回目は親子で一緒に手遊びをしてください。何の動物に変えるかは親子で考えてください。

②（２人１組で行う。親のみ）
どんなジェスチャーを行うか相談し、課題を作ってください。

③②で相談した課題をお子さまに見せてください。

④あなたはお母さん（お父さん）が何の動物のまねをしているかあててください。

〈時 間〉　適宜

〈解 答〉　省略

［2021年度出題］

学習のポイント

この親子活動の課題では、お子さまが楽しめる試験を行うという当校の特徴がはっきり表れています。そのため、ジェスチャーをするなら、恥ずかしがることなく、思い切って行いましょう。しかし、親子で楽しむというだけではなく、保護者同士のコミュニケーションというのも評価の観点の１つとなっています。どんなジェスチャーにするか、それを保護者の方が上手に表現できるかどうかは関係ありません。学校側の観点は、親子間、保護者間で普通にコミュニケーションがとれているかということです。

【おすすめ問題集】
新口頭試問・個別テスト問題集、新ノンペーパーテスト問題集、
Ｊｒ・ウォッチャー29「行動観察」

問題34　分野：制作／一般入試

〈準 備〉　画用紙、マスキングテープ（数種類）

〈問 題〉　**この問題の絵はありません。**

「あなたが見たことがない動物は、どんな動物ですか」
マスキングテープを使って、画用紙に描いてみてください。

〈時 間〉　15分

〈解 答〉　省略

［2021年度出題］

学習のポイント

マスキングテープと画用紙を使った制作という一見楽しそうな課題です。だからと言って、好きな動物を制作してはいけません。「見たことがない動物」という指示を理解し、テーマに沿った動物を作るようにしましょう。ただし制作した作品のクオリティを問われているわけではないので、何の動物かがわかれば充分です。なお、制作の途中に、作品について質問されます。その時に自分が制作している作品について説明できると高評価につながるので、自分の言葉で説明できるように練習しておきましょう。

【おすすめ問題集】
Ｊｒ・ウォッチャー22「想像画」、24「絵画」

問題35　分野：数量（選んで数える）／一般入試

〈準備〉　クーピーペン（緑）

〈問題〉　**この問題の絵は縦に使用してください。**
真ん中の四角を見てください。☆（星）は全部で３個あります。周りの細長い四角の☆のところには◯が３個書いてあります。このように、真ん中の四角の中に記号がいくつあるかを数えて、同じ記号が書いてある周りの細長い四角に、その数だけ緑色のクーピーペンで◯を書いてください。色の濃さが違うものは数えません。

〈時間〉　２分

〈解答〉　丸／〇：２、四角／〇：５、三角／〇：５、楕円／〇：５、十字／〇：４

［2021年度出題］

学習のポイント

本問は、たくさんあるものの中から特定のものを選ぶ、シンプルな「選んで数える」です。選んだものの数を、周りにある解答欄に〇で示していくという独特な解答形式なので、一見すると難しく感じるかもしれませんが、落ち着いて取り組めばさほど難しくはないです。1つひとつの形を順番に探していき、今何を数えているかを忘れないように、数え終わったものにチェックをしていくなどの工夫をすればミスも防げます。対策をする際には、少ない種類・少ない数から練習をしていき、少しずつ数えるものの種類や数を増やしていくと、慌てることなく数えられるようになるでしょう。

【おすすめ問題集】
Ｊｒ・ウォッチャー14「数える」、37「選んで数える」

問題36　分野：数量（比較）／一般入試

〈準備〉　クーピーペン（青色）

〈問題〉　真ん中の四角と同じものが、同じ数だけ入っている四角を、右と左の四角から選んで青色のクーピーペンで○をつけてください。

〈時間〉　各30秒

〈解答〉　下図参照

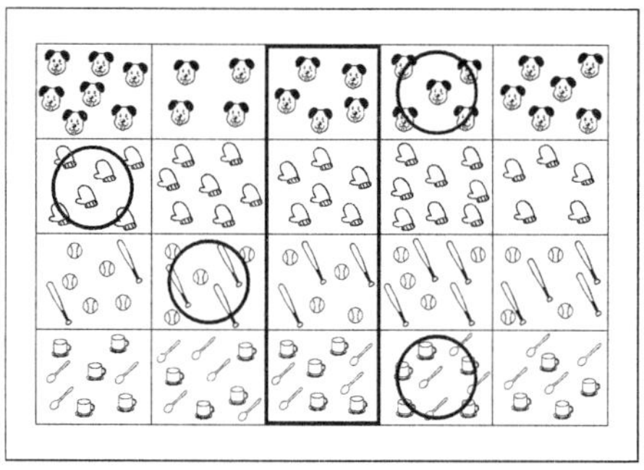

［2021年度出題］

学習のポイント

本問のように同数のものを探す問題は、１つひとつ落ち着いて取り組んでいけば、さほど難しくはないです。しかし、時間制限があるため、素早く正確に数える練習は必要です。特に数が多くなればなるほど、数えている間に基準になる数を忘れてしまったり、数えるものが複数あったりすると難しく感じてしまうかもしれません。対策をする際には、まずは数えるものの種類を１種類から始めてみて、少しずつ種類を増やしていくとよいでしょう。おはじきやブロックなどの具体物を使って練習すれば、慣れてきます。日々の練習がそのまま正答率に反映される問題です。

【おすすめ問題集】

Ｊｒ・ウォッチャー14「数える」、15「比較」、36「同数発見」、
37「選んで数える」、58「比較②」

問題37　分野：図形（同図形探し）／一般入試

〈準備〉　クーピーペン（ピンク、オレンジ）

〈問題〉　女の子と男の子が、それぞれ上の四角の中のような絵を描きました。２人が描いた絵と同じものを下から探し、女の子と同じものにはオレンジ色のクーピーペンで○を、男の子と同じものにはピンク色のクーピーペンで△をつけてください。

〈時間〉　30秒

〈解答〉　下図参照

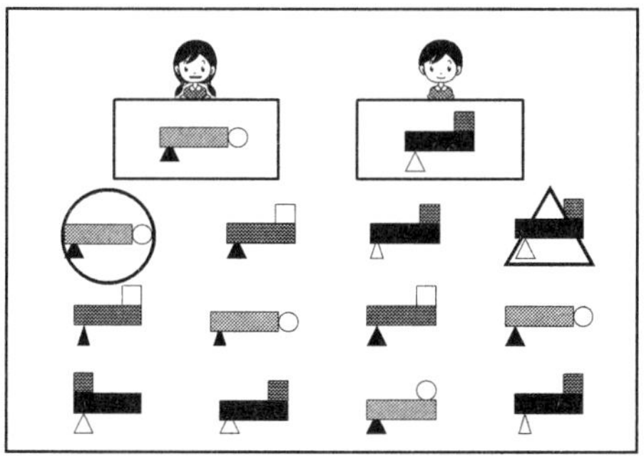

［2021年度出題］

学習のポイント

本問は、図形分野の中でも頻出の、同図形探しの問題です。○や△や□が組み合わされているだけではなく、重なり方や色にも気を付けて探さなければならないため、図形の全体像を捉えながら同図形を探す必要があります。また、同じイラスト内から２種類の図形を探すため、２つを同時に探そうとするとミスにつながります。落ち着いて１つひとつを探すようにしてください。当校ではさまざまな種類の図形分野の問題が出題されていますので、対策としては、ペーパーだけでなく、ふだんからパズルや積み木に取り組むと、より一層全体像をつかむ力が身に付くでしょう。

【おすすめ問題集】

Ｊｒ・ウォッチャー4「同図形探し」

問題38　分野：推理（系列）／一般入試

〈準備〉　クーピーペンシル（オレンジ）

〈問題〉　絵や形が約束の順番に並んでいます。『？』に入る絵や形はどれですか。右から選んでオレンジ色のクーピーペンで○をつけてください。

〈時間〉　１分

〈解答〉　下図参照

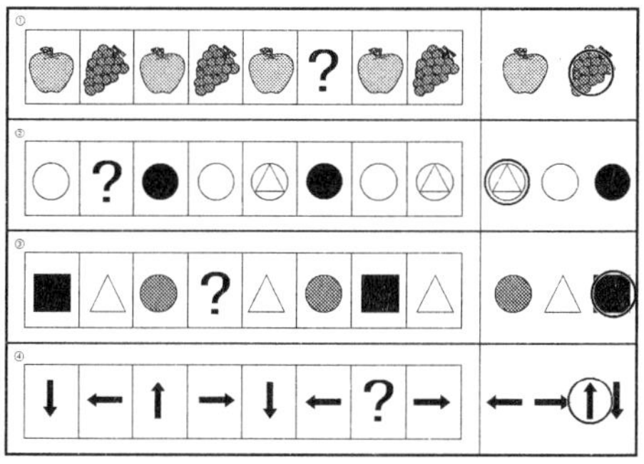

［2021年度出題］

学習のポイント

当問は系列の基礎の問題です。並べられている絵や記号の繰り返しが比較的短いことが特徴です。そのためあまり難しくはないのですが、気を抜いて行うと間違えてしまうので、指を使って丁寧に確認していくことが大切でしょう。系列全体を俯瞰し、その規則性を発見するという論理的思考力は小学校入学後には必要になるものです。しかし、最初から俯瞰し規則性を探るというのは難しいので、まずは１つひとつ正確に捉えるところからはじめ、そこに規則性を発見できるように応用力や思考力を養ってください。

【おすすめ問題集】
　Ｊｒ・ウォッチャー６「系列」

問題39　分野：複合（お話の記憶・推理）／一般入試

〈準備〉　クーピーペンシル（ピンク）

〈問題〉　お話を聞いて、後の質問に答えてください。

みちこさんの家は、お父さんとお母さんとさちこさんの４人家族です。ある日曜日の朝、みちこさんは６時に目を覚まし、隣で寝ているさちこさんを起こさないよう、静かに着替えて台所へ行くと、お母さんが包丁でトマトを切っているところでした。みちこさんは、「今日の朝ごはんは何かしら？」とお母さんに聞くと、「ベーコンと目玉焼き、トマトとレタスのサラダ、それにパンとオレンジジュースよ」と教えてくれました。みちこさんは、「お手伝いをするわ」と言って、テーブルをきれいに拭いたあと、お皿をテーブルに並べ、最後にパンをトースターに入れて焼きました。しばらく経って、パンの焼けたいい匂いがし始めた頃、お父さんが、「おはよう」と言って起きてきました。そしてさちこさんも起きてきました。お父さんは、食後に食べるバナナを取りに台所に行きましたが、どこにも見当たらなかったようで、代わりにリンゴとブドウを持ってきて、「ブドウを洗うのを手伝ってくれないか」と、みちこさんとさちこさんに言いました。２人は元気に、「はーい」と言ってブドウを洗い、ガラスのお皿に盛りつけました。食事の用意ができたので、家族揃って、「いただきます」と言って朝ごはんを食べました。

正しいことを言っているのはどの動物でしょうか。選んでピンク色のクーピーペンで○をつけてください。

①お母さんの切っていたものは何でしょうか。
- ブタが言いました。「トマトだよ」
- ゾウが言いました。「レタスだよ」
- ウサギが言いました。「リンゴだよ」
- ライオンが言いました。「バナナだよ」

②みちこさんが焼いたものは何でしょうか。
- ブタが言いました。「ベーコンだよ」
- ゾウが言いました。「目玉焼きだよ」
- ウサギが言いました。「パンだよ」
- ライオンが言いました。「ハンバーグだよ」

③お父さんが台所から持ってきたものはんでしょうか。
- ブタが言いました。「バナナとリンゴだよ」
- ゾウが言いました。「リンゴとトマトだよ」
- ウサギが言いました。「ブドウとバナナだよ」
- ライオンが言いました。「リンゴとブドウだよ」

④みちこさんとさちこさんが洗った果物は何だったでしょうか。
- ブタが言いました。「バナナだよ」
- ゾウが言いました。「リンゴだよ」
- ウサギが言いました。「ブドウだよ」
- ライオンが言いました。「リンゴとブドウだよ」

〈時間〉　各20秒

〈解答〉　①ブタ　②ウサギ　③ライオン　④ウサギ

［2021年度出題］

学習のポイント

当校のお話の記憶の問題は、お話も短く基本的な問題がほとんどです。登場人物や食べ物などが複数出てくるため難しく感じるかもしれませんが、「いつ」「誰が」「何を」といった基本的なところを押さえながら記憶をしていけば難なく答えられるでしょう。また、日常生活がテーマとなったお話が多いようです。そのため、ふだんの生活体験や家でのお手伝いが記憶に直結するので、そのような点も測っているということでしょう。しかし、出題のパターンが途中で変わることも想定されます。対策としては、知識を積み重ねるだけではなく、親子間でコミュニケーションを取り、１日の出来事を振り返ったり、たくさんお話をしたりすることが大事でしょう。

【おすすめ問題集】
Ｊｒ・ウォッチャー19「お話の記憶」、１話５分の読み聞かせお話集①・②、
お話の記憶　初級編・中級編

問題40　分野：保護者面接／ＡＯ型入試、一般入試

〈準　備〉　なし

〈問　題〉　この問題の絵はありません。

【ＡＯ型入試】
・本校への入学を考えることになったきっかけを教えてください。
・昨今のコロナ禍の中、お子さまとどのように過ごされていますか。
・お子さまは周りからどのようなお子さまだと言われていますか。
・お子さまの長所と短所を教えてください。
・お子さまがお父さまと似ているのはどんなところですか。
・本校に入学したら、お子さまにはどのように育ってほしいですか。
・お父さまとお母さまが子育てをされる際、譲れないことはどんなことですか。

【一般入試】
・本校をどこでどのように知りましたか。
・数ある私立小学校の中で、本校を選んでいただいた理由は何ですか。
・お子さまが現在通われている保育園、または幼稚園についてお話ください。
・お子さまが保育園、または幼稚園でけんかをしたと聞いたら、どうなさいますか。
・急病等で学校から急な呼び出しがあった際、どのように対応なさいますか。
・お仕事がお休みの際、お子さまとどのように過ごされていますか。
・今まで家族で出かけて印象に残っている場所はどこですか。それはどうしてですか。
・昨今のコロナ禍で外出があまりできないと思いますが、お子さまに変化は見られましたか。それはどんなことですか。
・お子さまは家で手伝いをされますか。どんなお手伝いですか。

〈時　間〉　20分程度（ＡＯ型）、10分程度（一般）

〈解　答〉　省略

［2021年度出題］

学習のポイント

面接は、ＡＯ型、一般ともに、面接官１名に対して保護者２名で行われます。志望動機や教育方針についての質問は、母親だけではなく父親にもあるので、矛盾が生じないように話し合いをしておきましょう。当校では、父親の意志や希望も評価の対象になっています。例年は、学校行事や説明会参加の感想が聞かれていましたが、休日や家庭での過ごし方についての質問も見られるようになりました。保護者の方も在宅の機会が増えていると思いますので、その際にはお子さんとのコミュニケーションの時間を大切にし、お子さんの心情や行動を把握しておくといいでしょう。さらに、ＡＯ型入試では願書提出時に保護者の方が推薦文を書かなければなりません。推薦書には「保護者の自己紹介」「当校の教育がすぐれていると考える理由」「当校受験を考えるきっかけ」「教育方針」などの８項目があります。これらを引用した質問がされますので、保護者の推薦書は重要な意味を持ちます。

【おすすめ問題集】

新 小学校受験の入試面接Ｑ＆Ａ、入試面接最強マニュアル

問題3－1

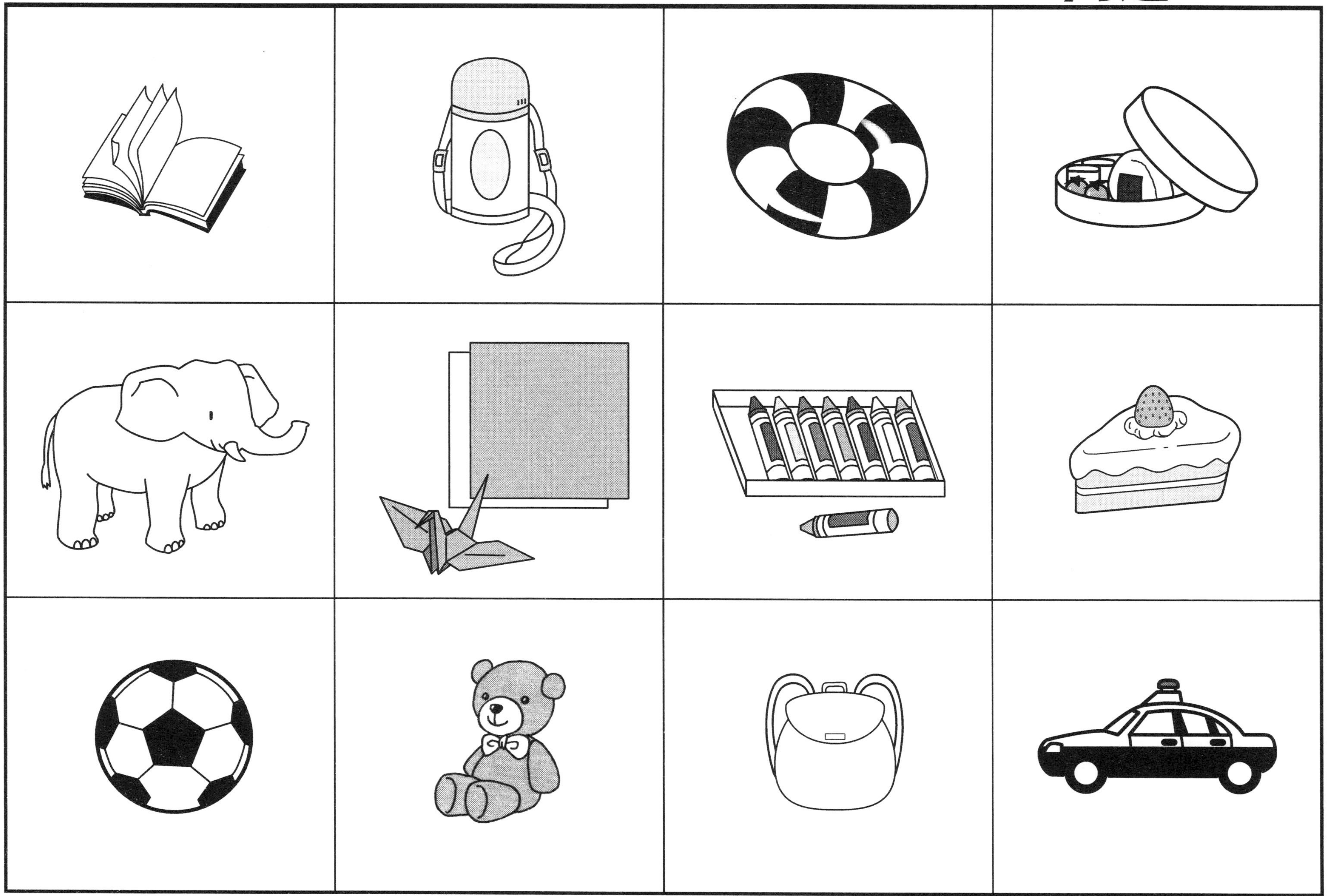

問題3－2

問題4

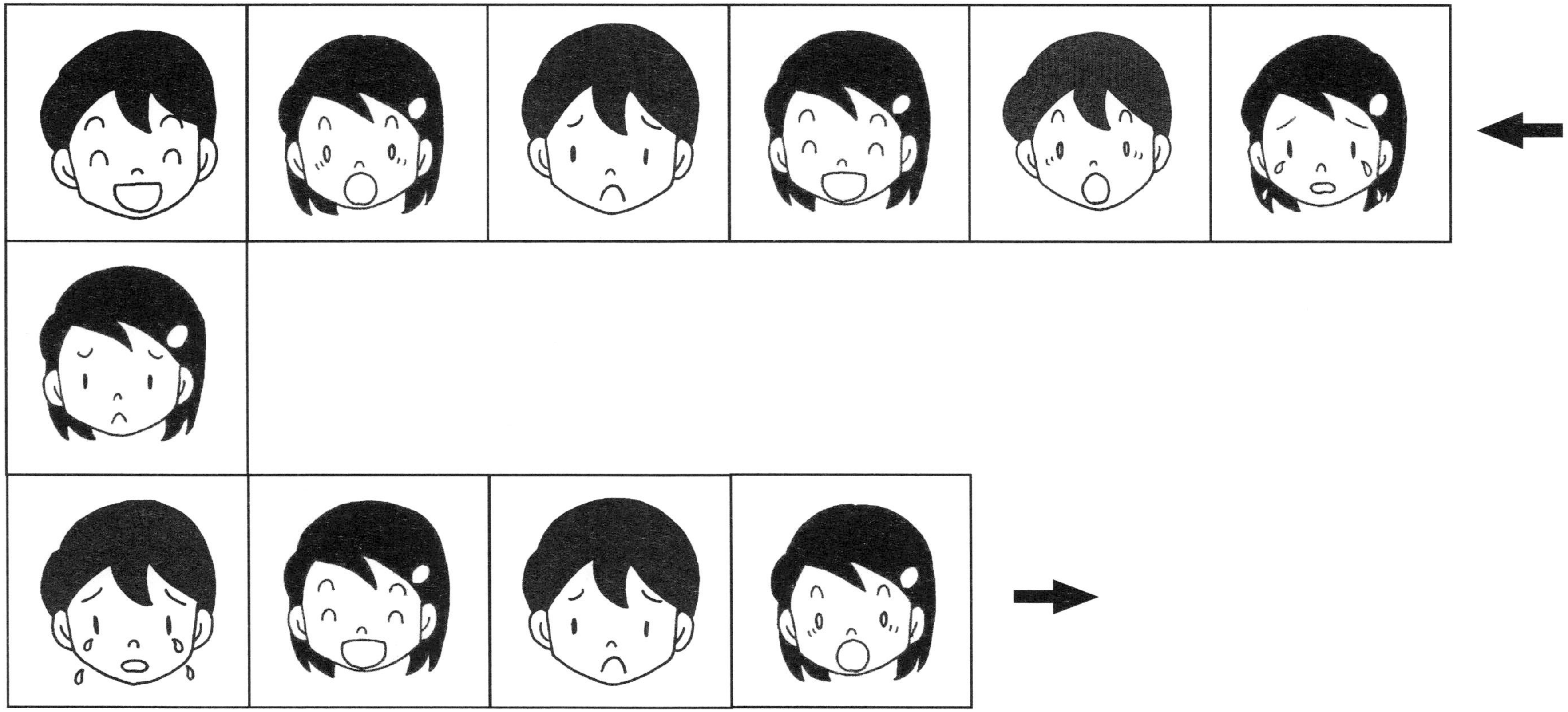

①

②

③

④

日本学習図書株式会社

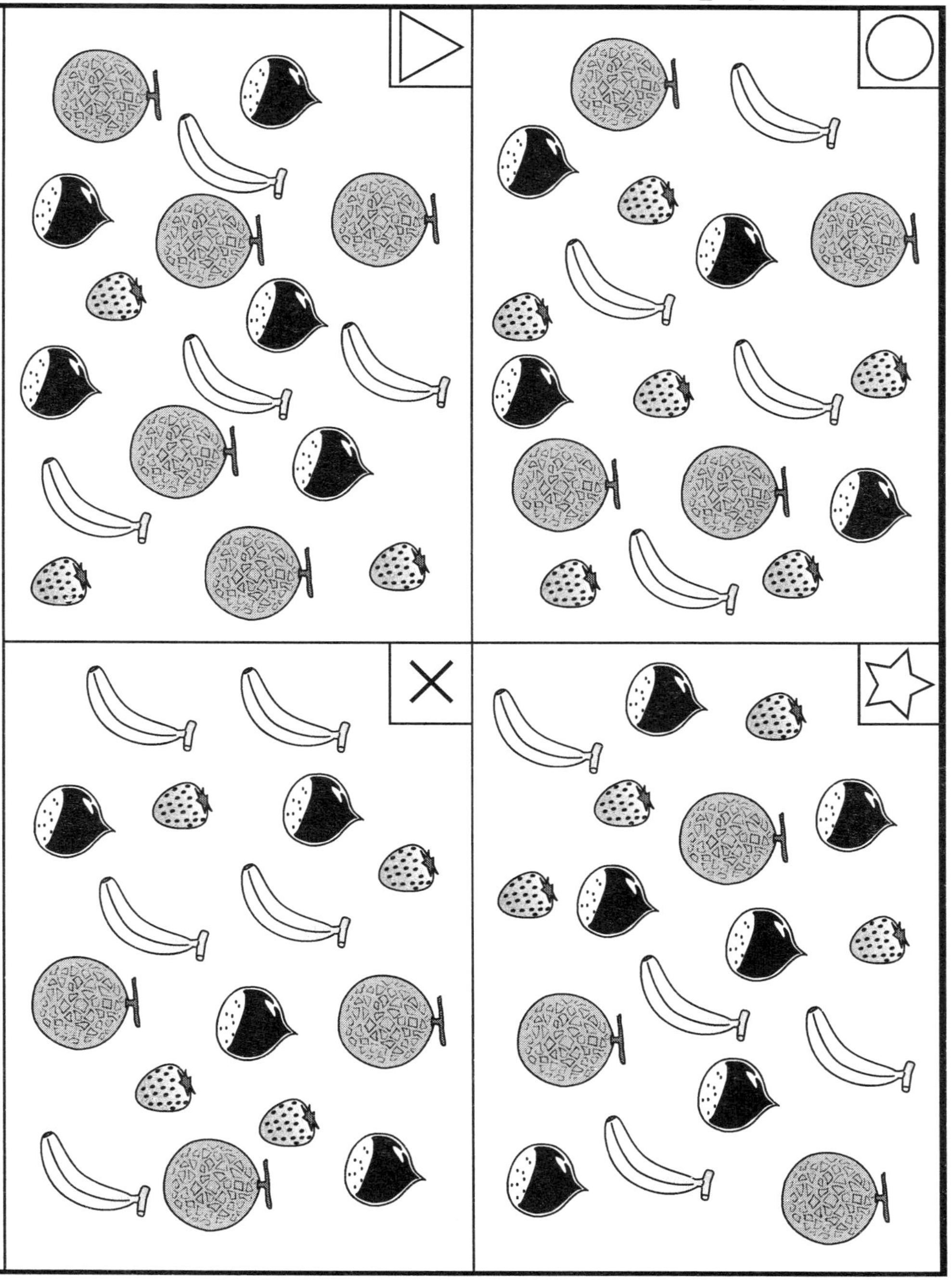

問題6

緑	① 
青	② 
オレンジ	③ 
ピンク	④ 

問題7

①

②

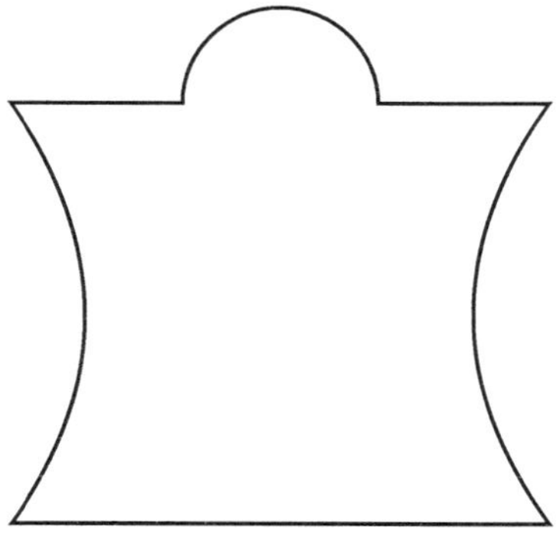

③

　

問題8

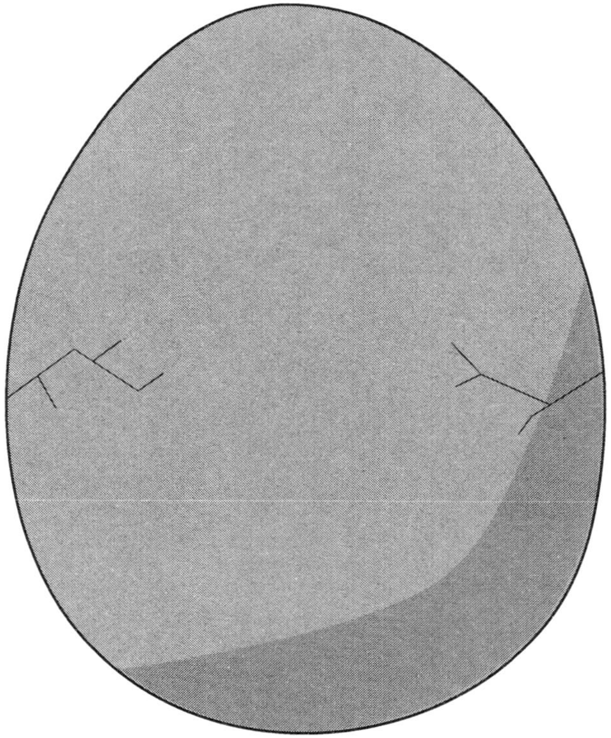

問題9

保護者のプラカード

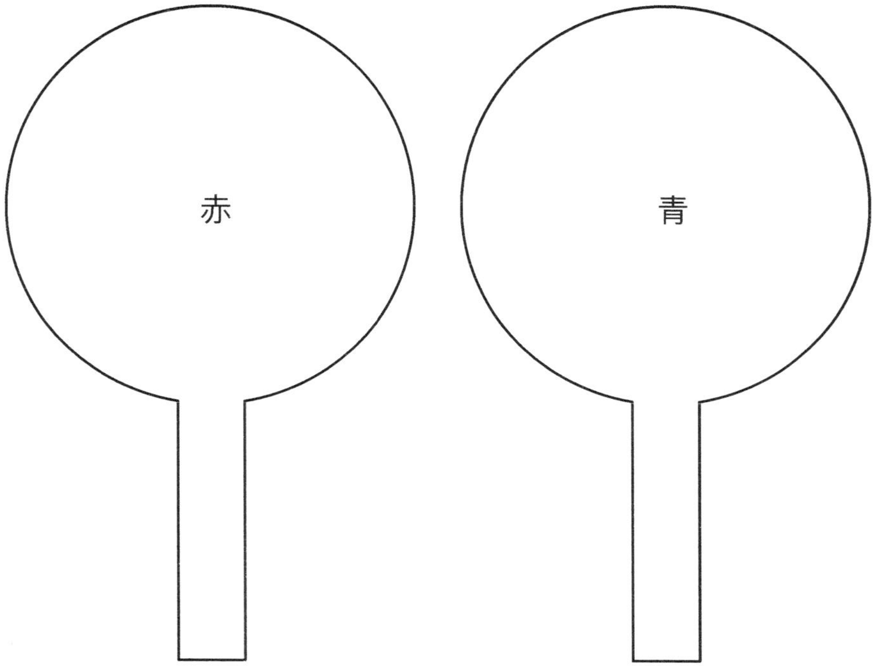

お子さまのプラカード

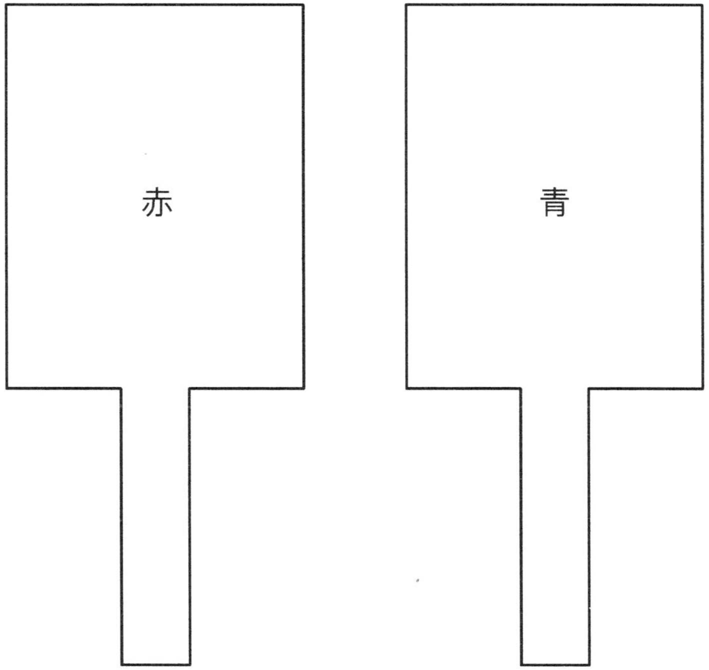

2024年度　東京女学館　過去　無断複製／転載を禁ずる　　　　　日本学習図書株式会社

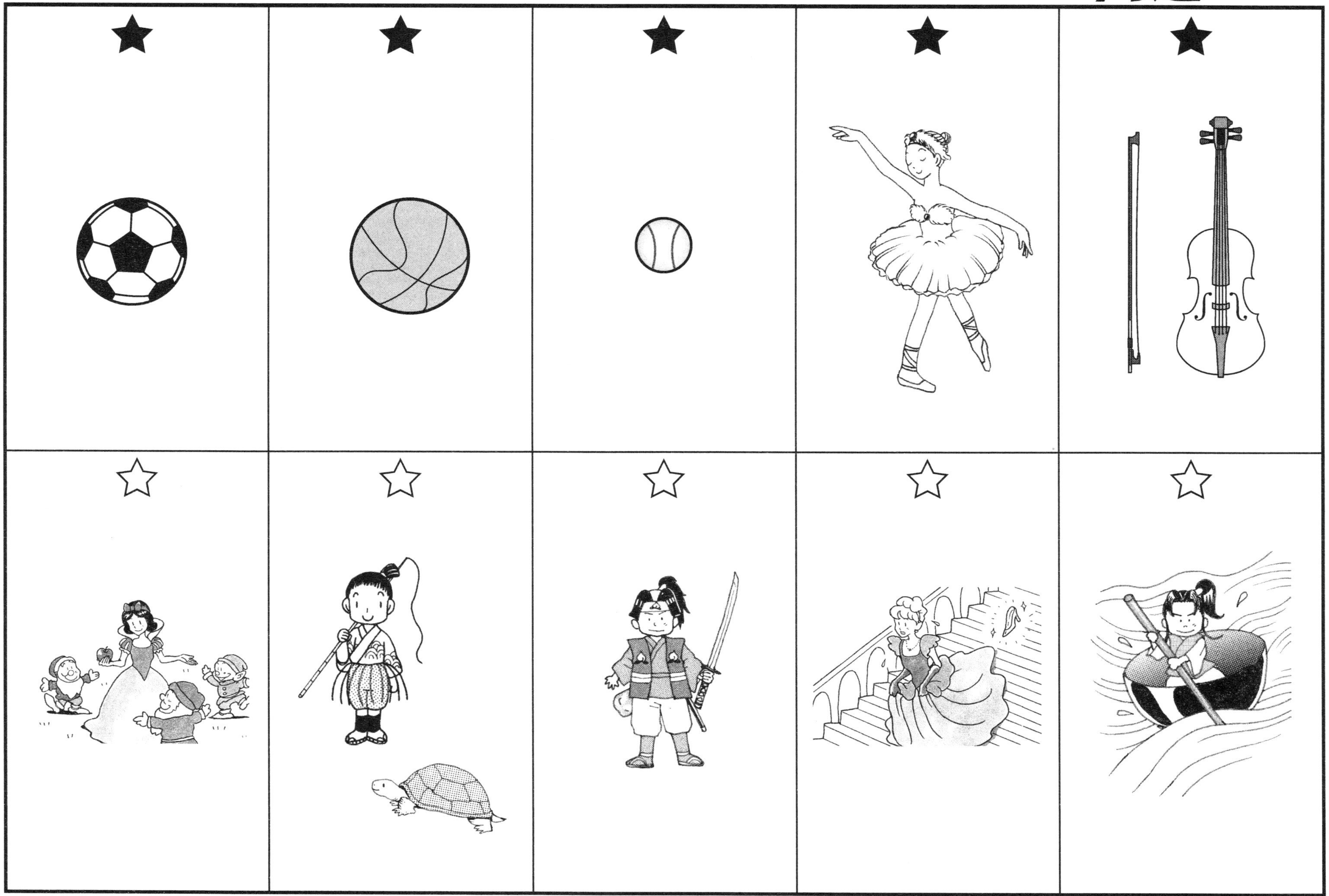

問題１５－１

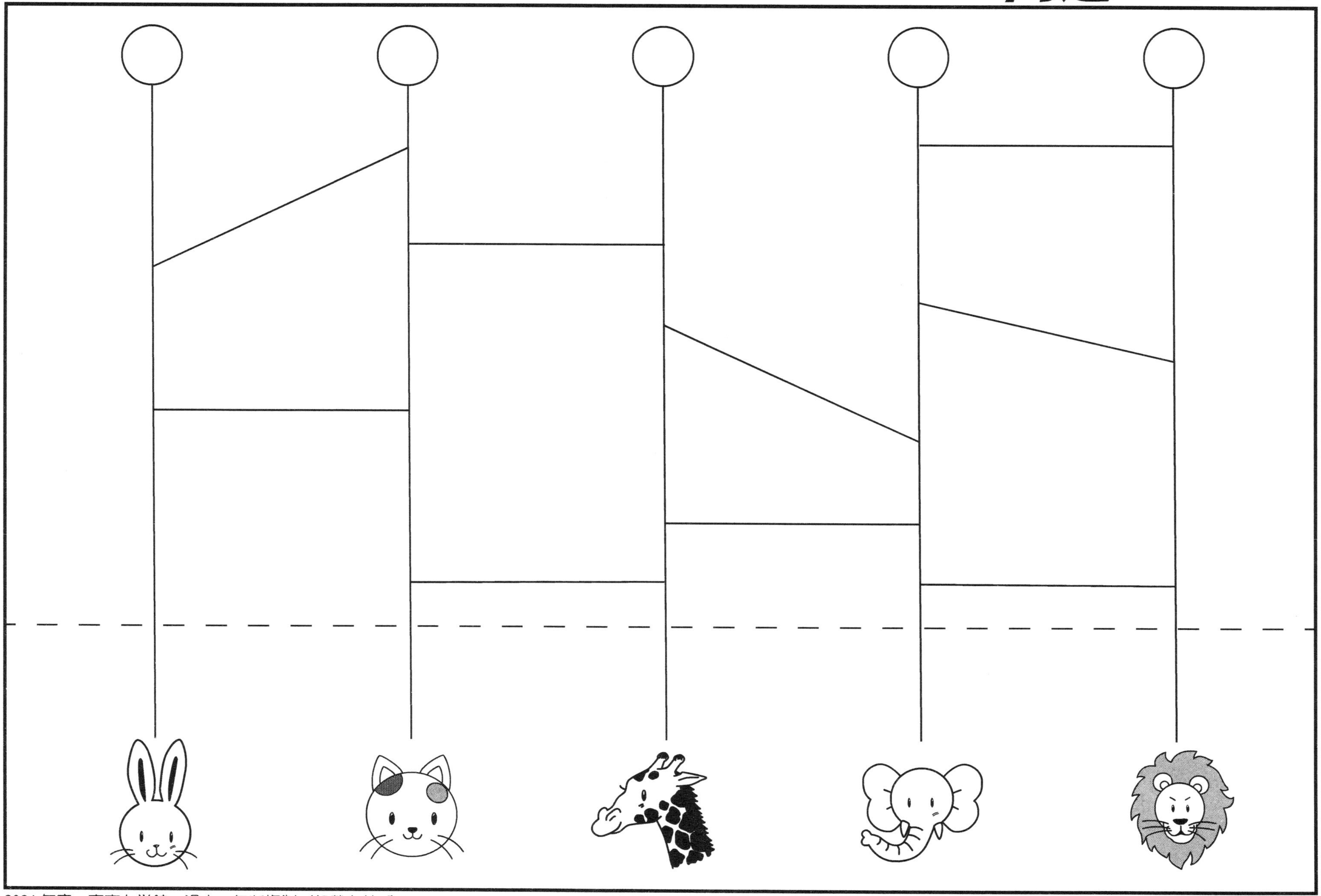

問題１５－２

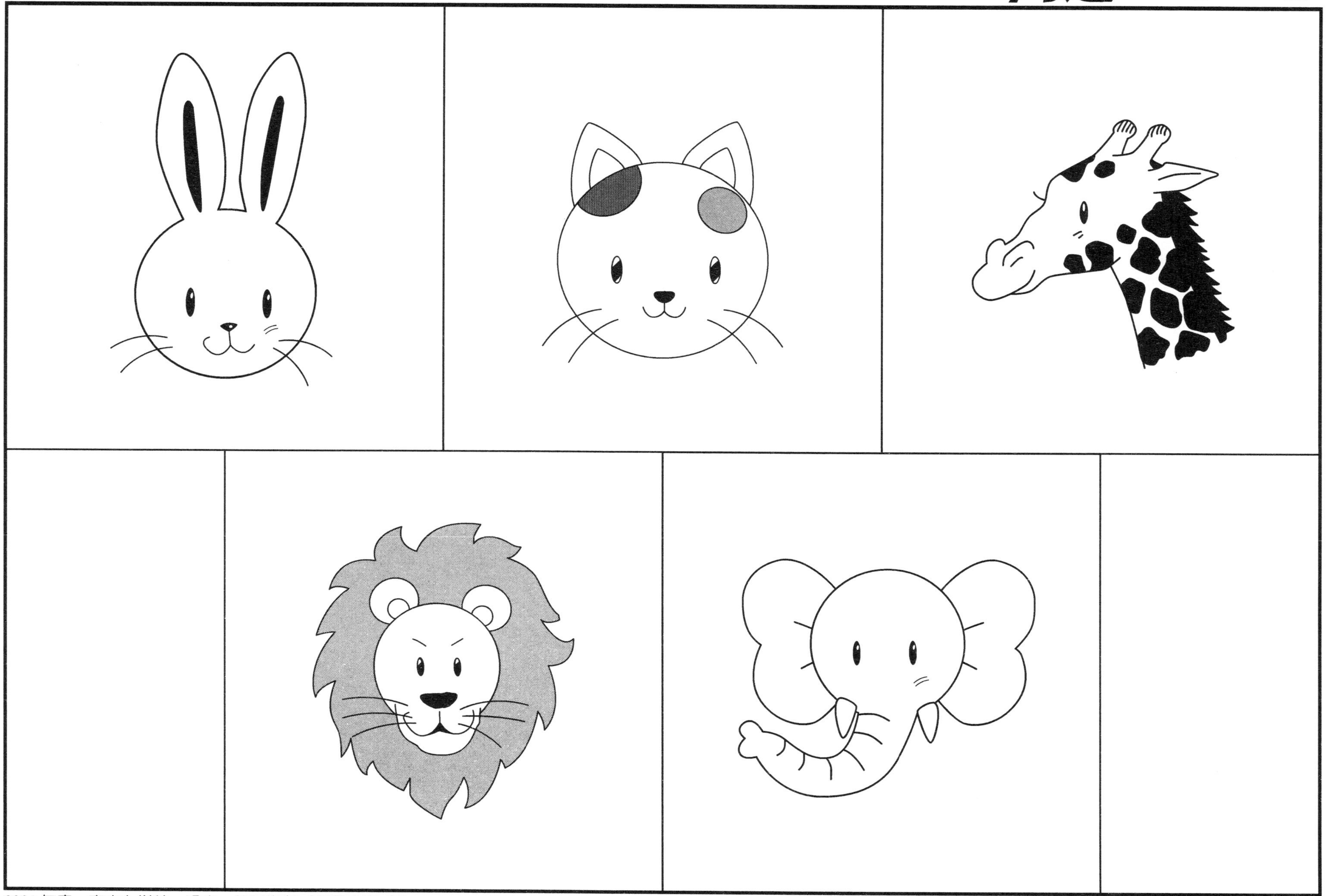

問題１６－１

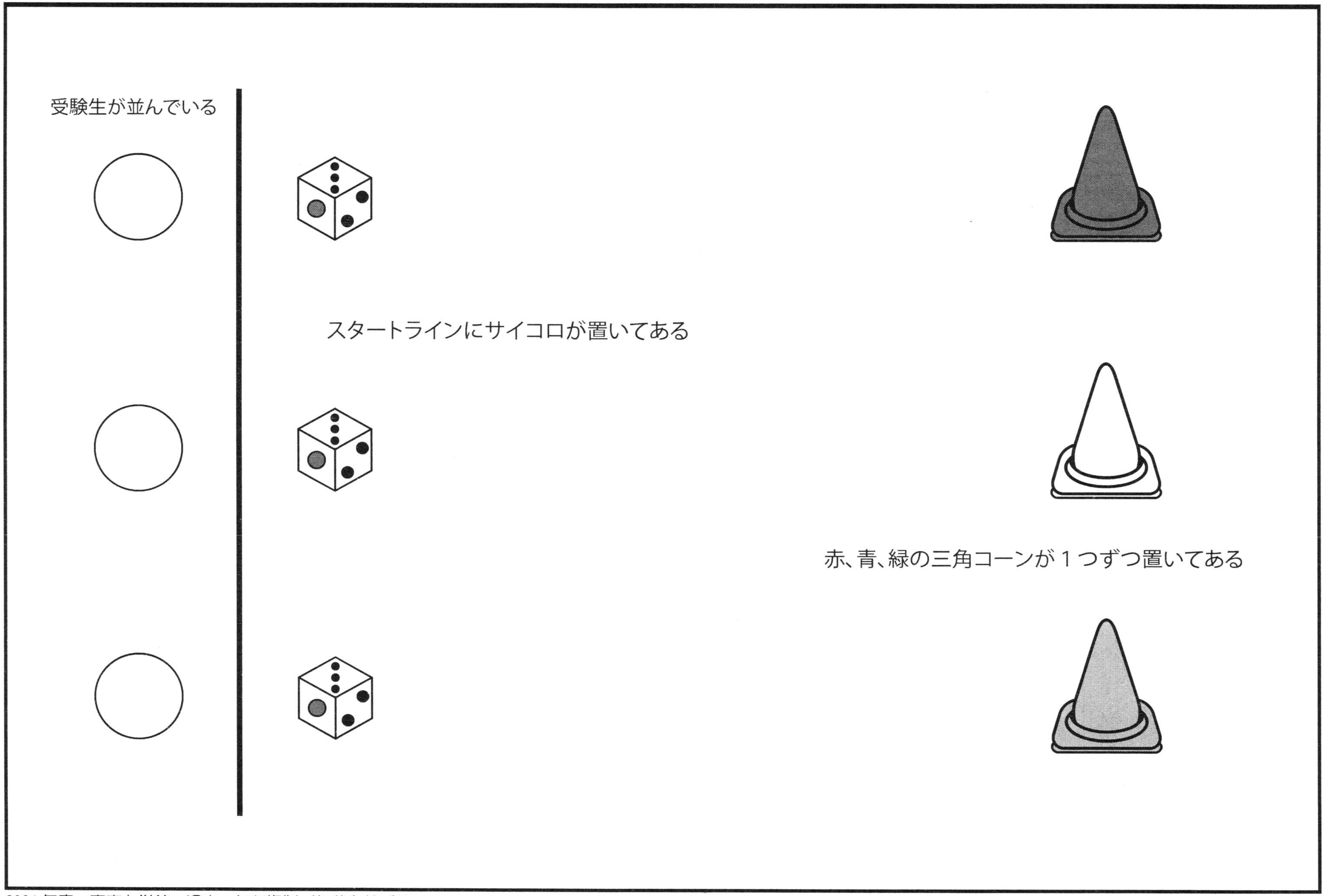
受験生が並んでいる
スタートラインにサイコロが置いてある
赤、青、緑の三角コーンが１つずつ置いてある

問題16－2

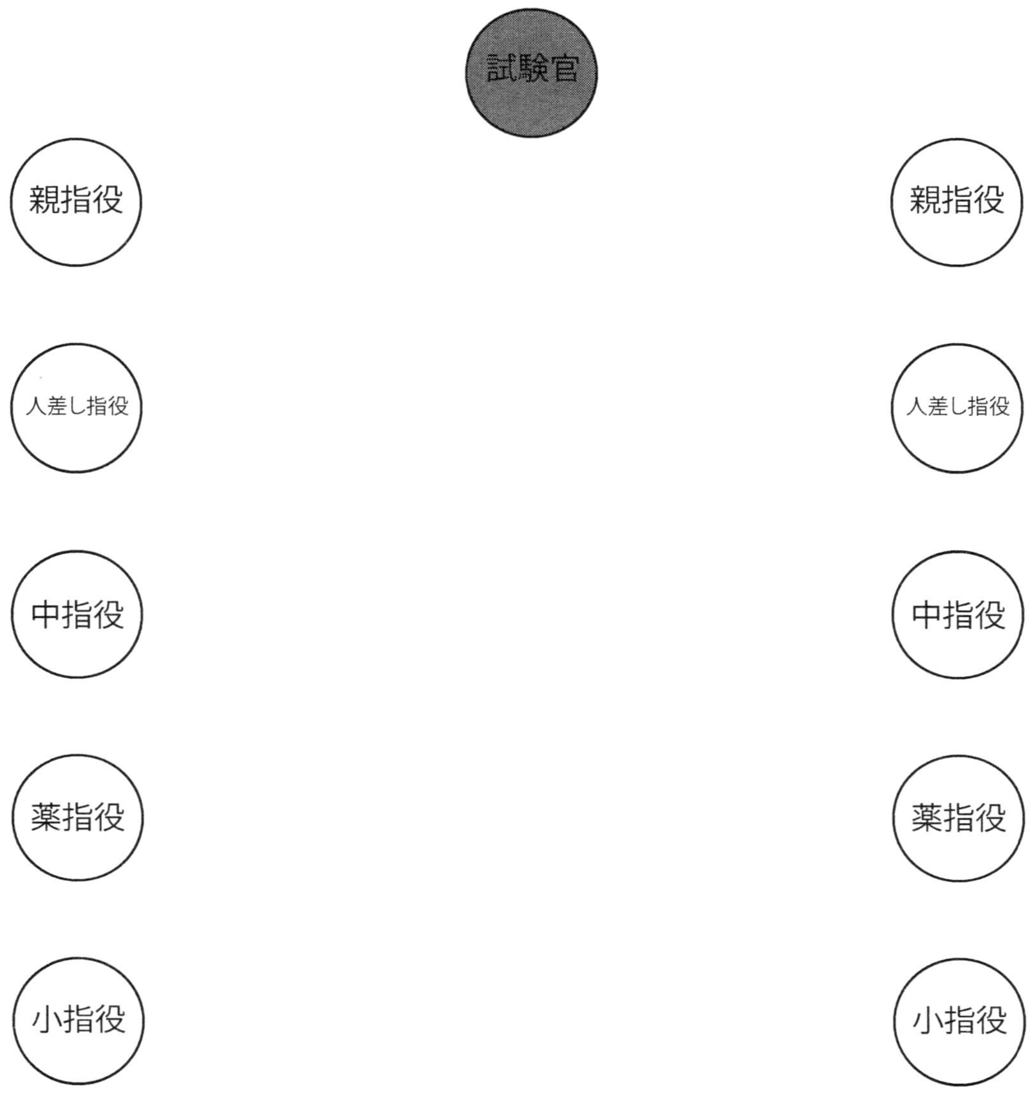

問題１７－１

問題17−2

問題１７－３

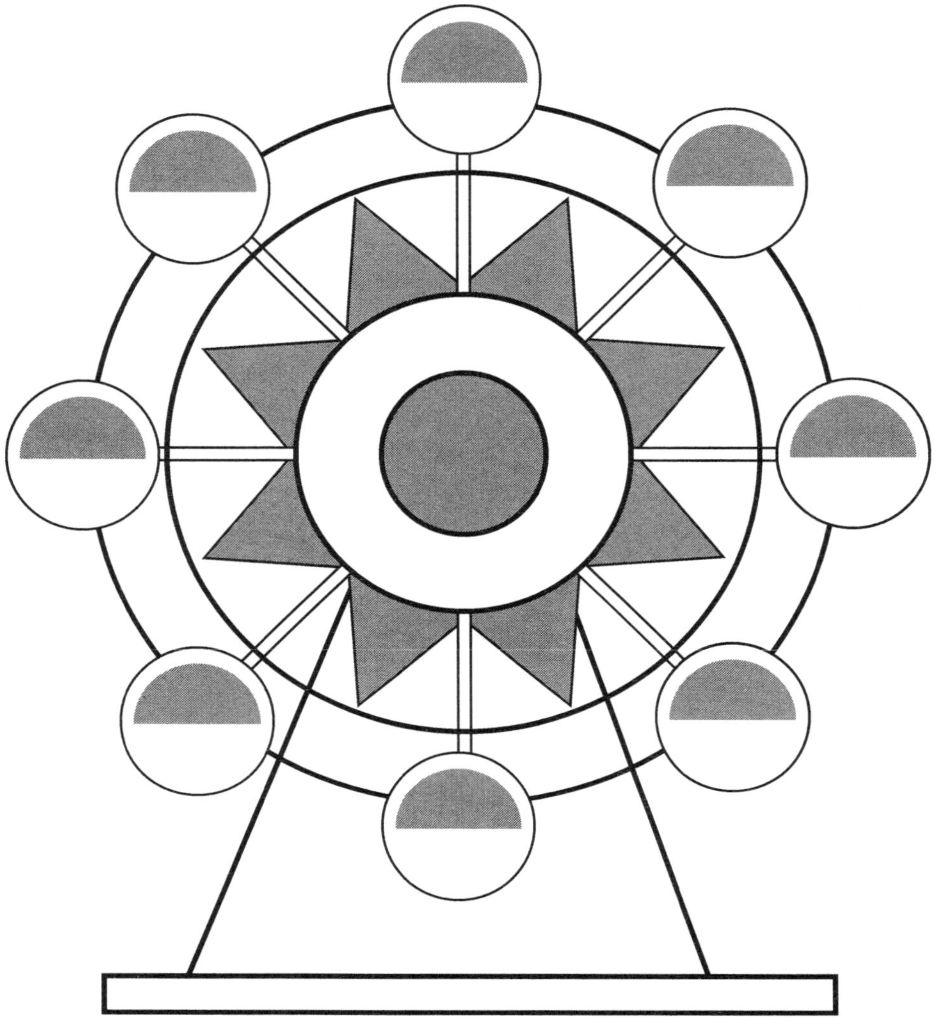

問題18－1

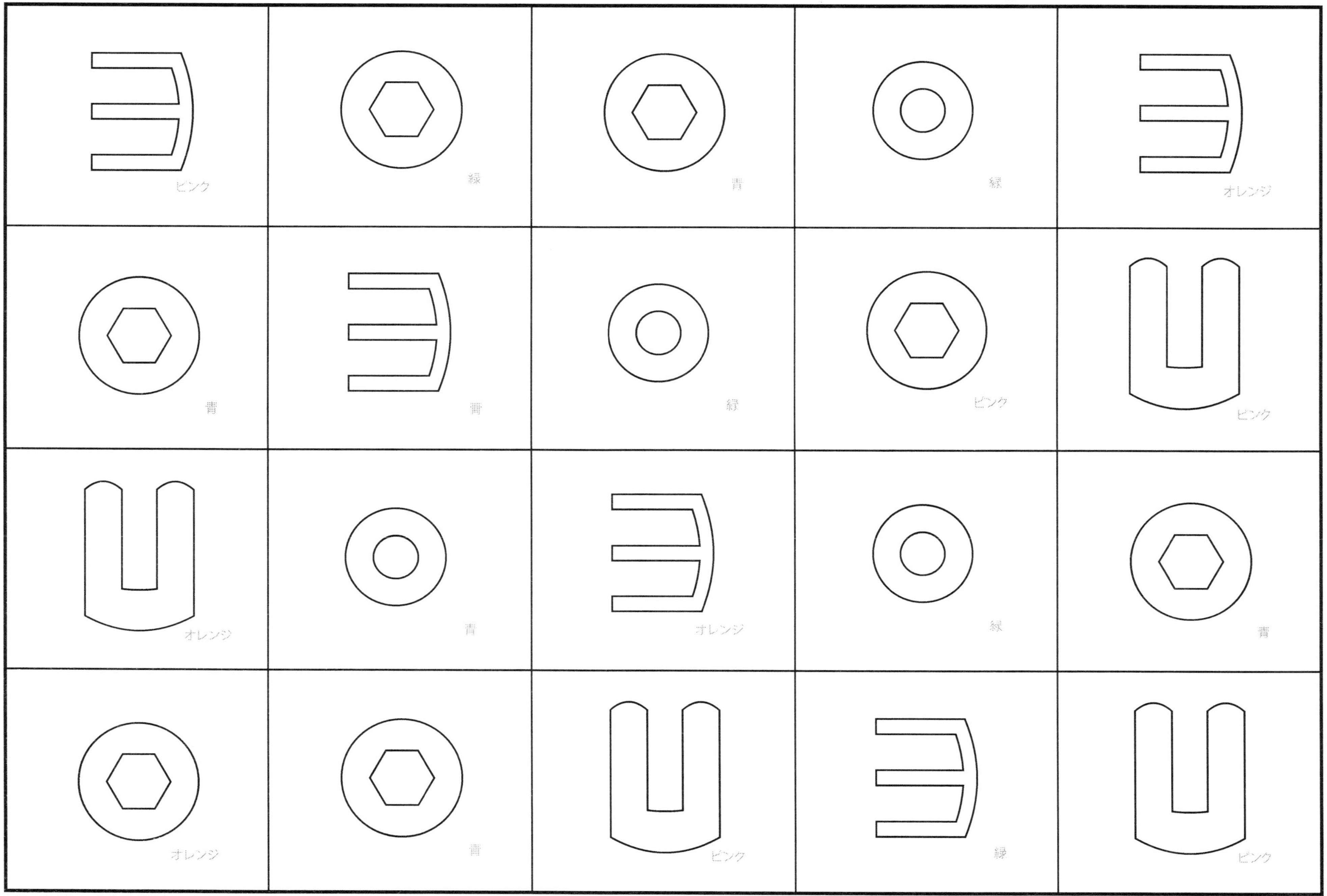

日本学習図書株式会社

問題１８－２

① 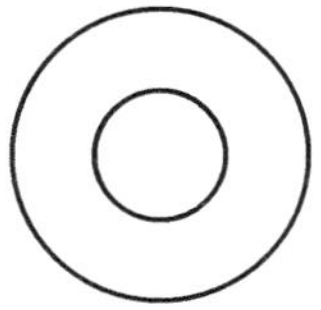	
② 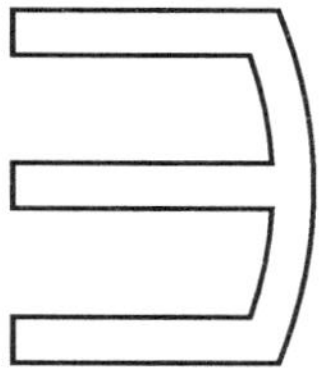	
③ 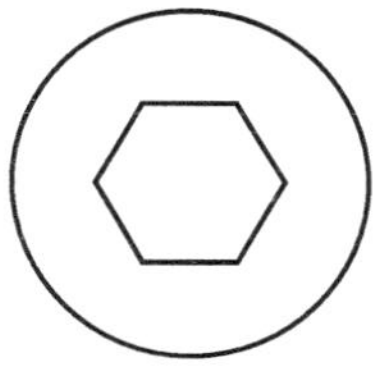	
④ 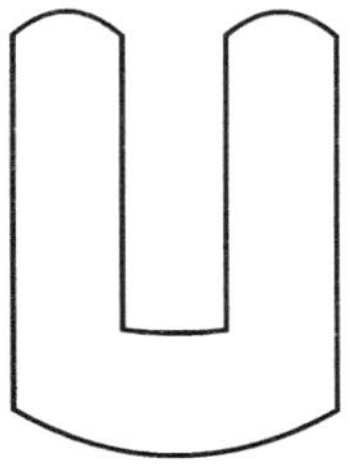	

問題１９

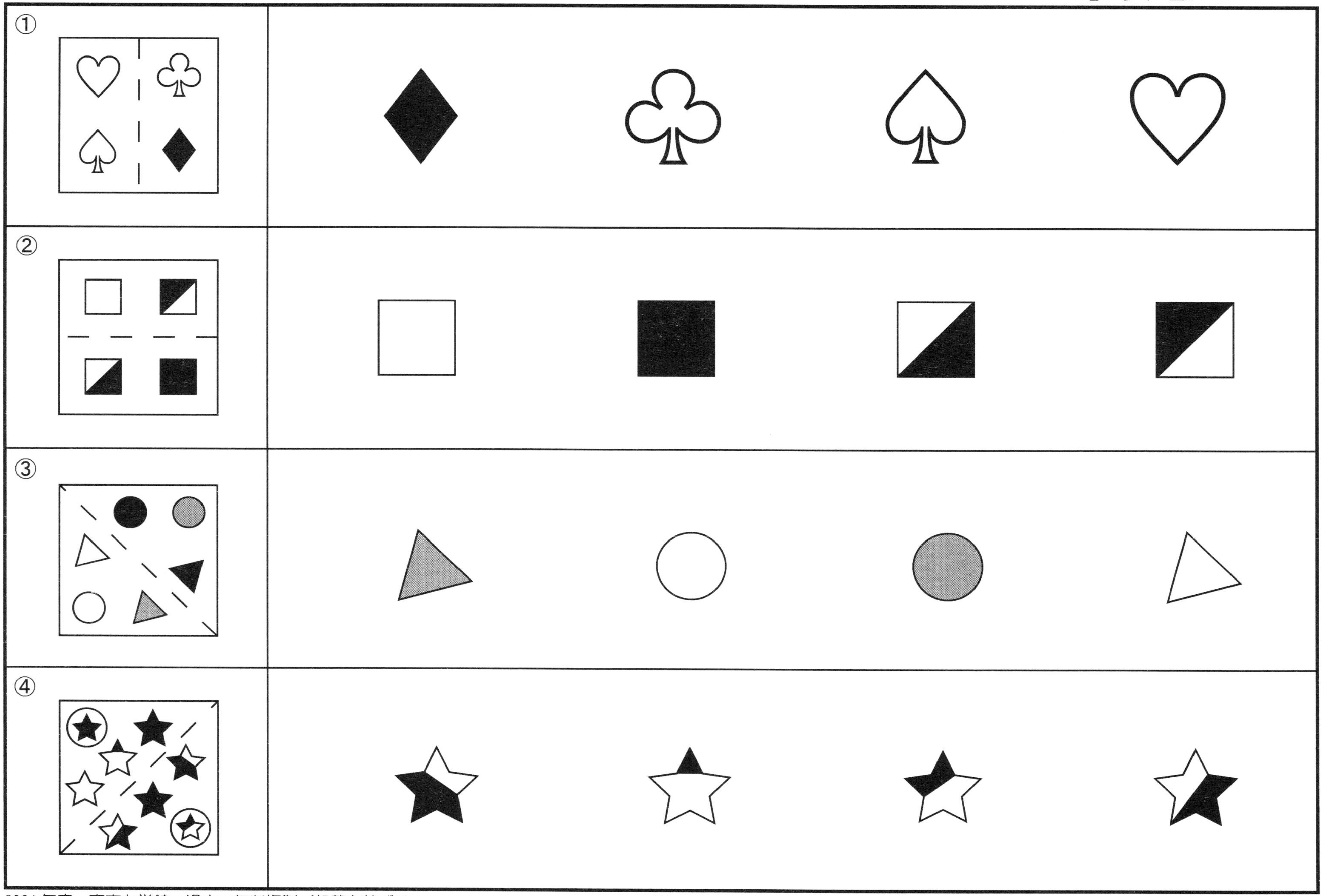

　

問題２０

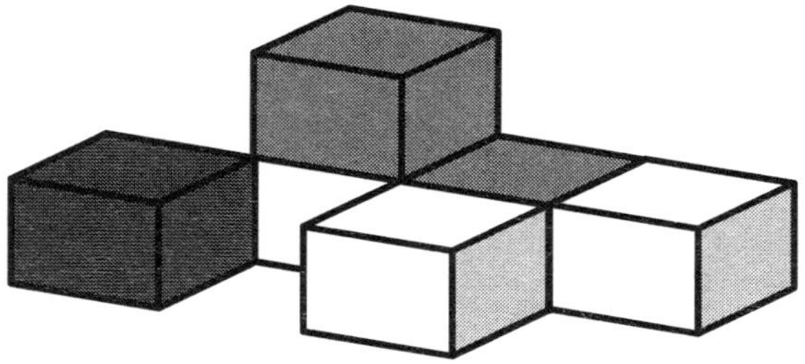

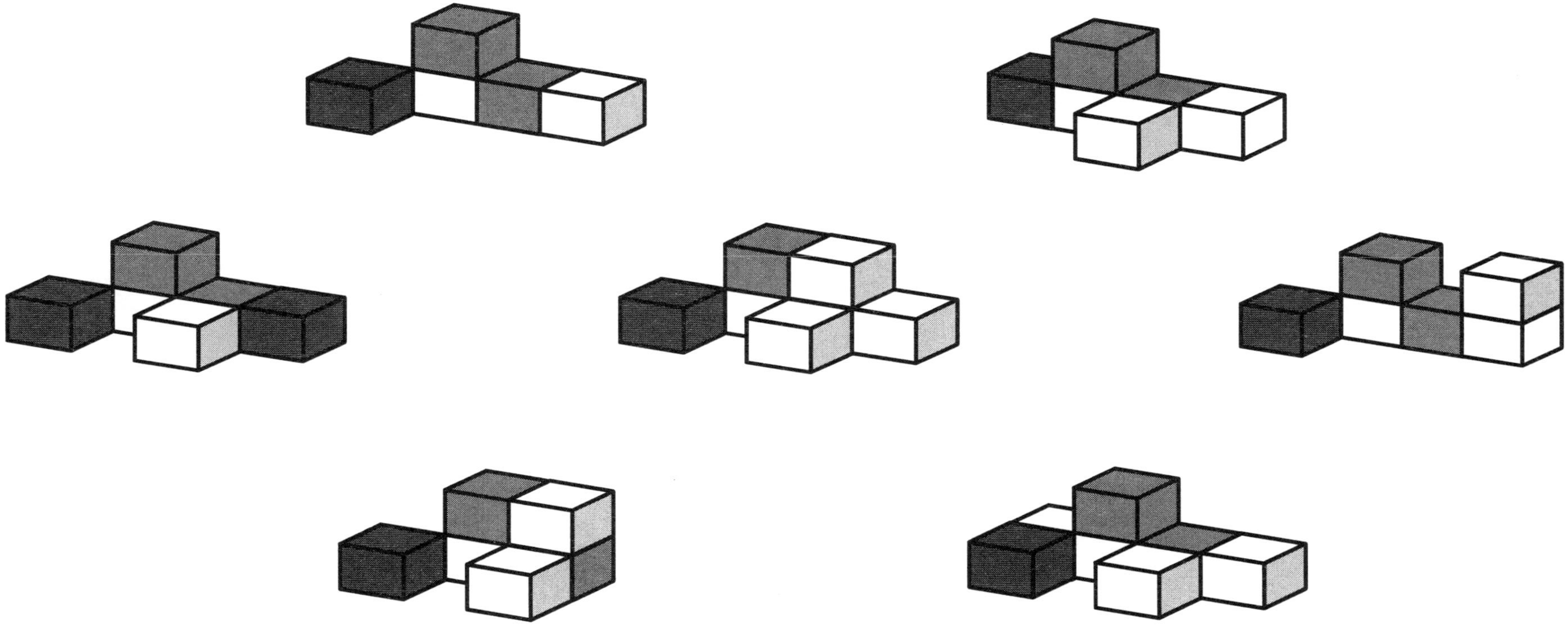

2024年度　東京女学館　過去　無断複製／転載を禁ずる　　　　　　　　　日本学習図書株式会社

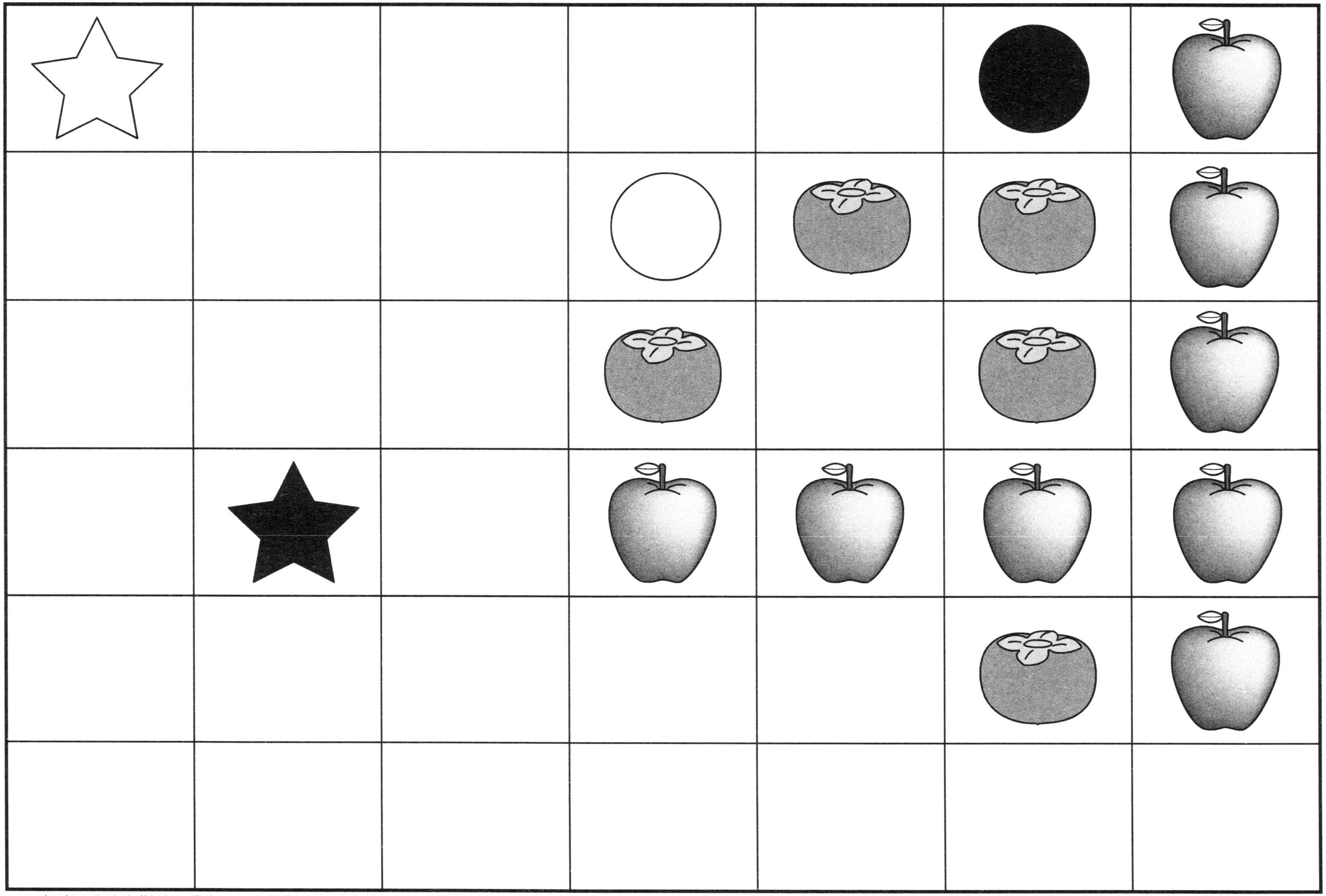

問題２６

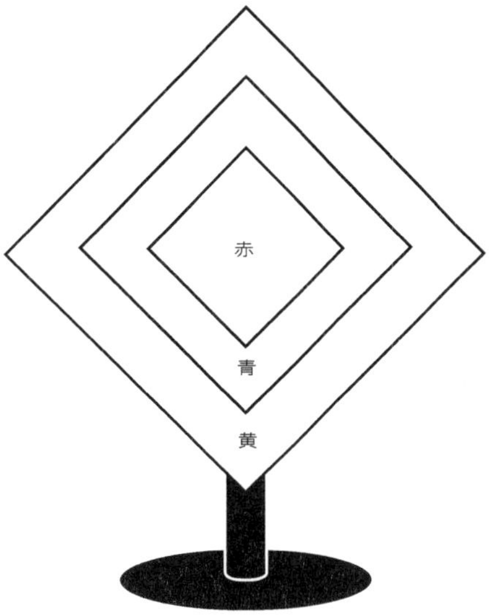

①

②

③

④

赤　青　黄

赤　青　黄

問題２９

②片足跳び、アザラシ歩き、クマ歩き、クモ歩きで
コースを一周する。

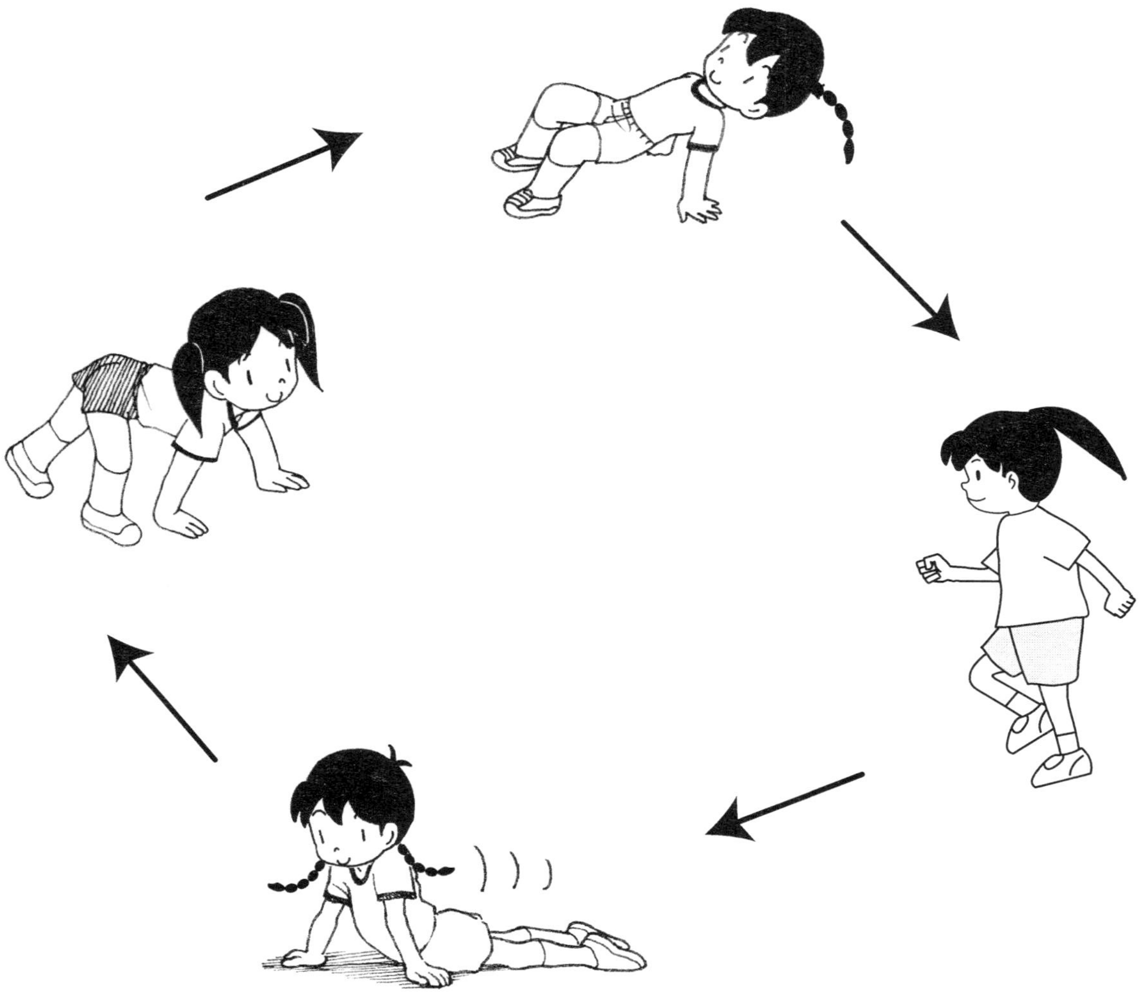

④先生の動きを真似して、腕を伸ばしたり
膝を曲げたりする。

日本学習図書株式会社

問題３１

①リボンを腰に巻いて背中で固結びをする。

②走る、スキップ、片足跳びなどで、コーンを回って戻ってくる。

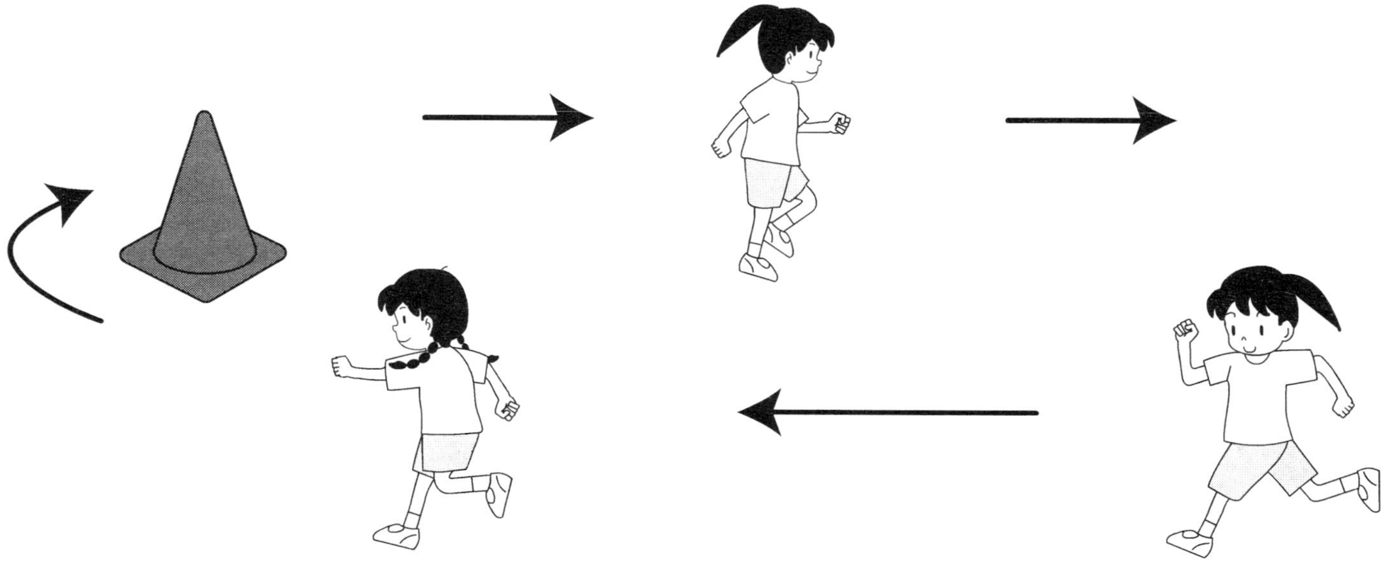

③できるだけ遠くにボールを投げる。

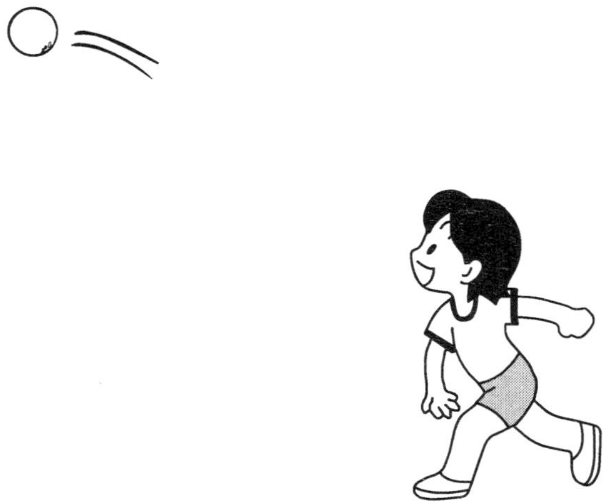

問題３２

2024 年度　東京女学館　過去　無断複製／転載を禁ずる　日本学習図書株式会社

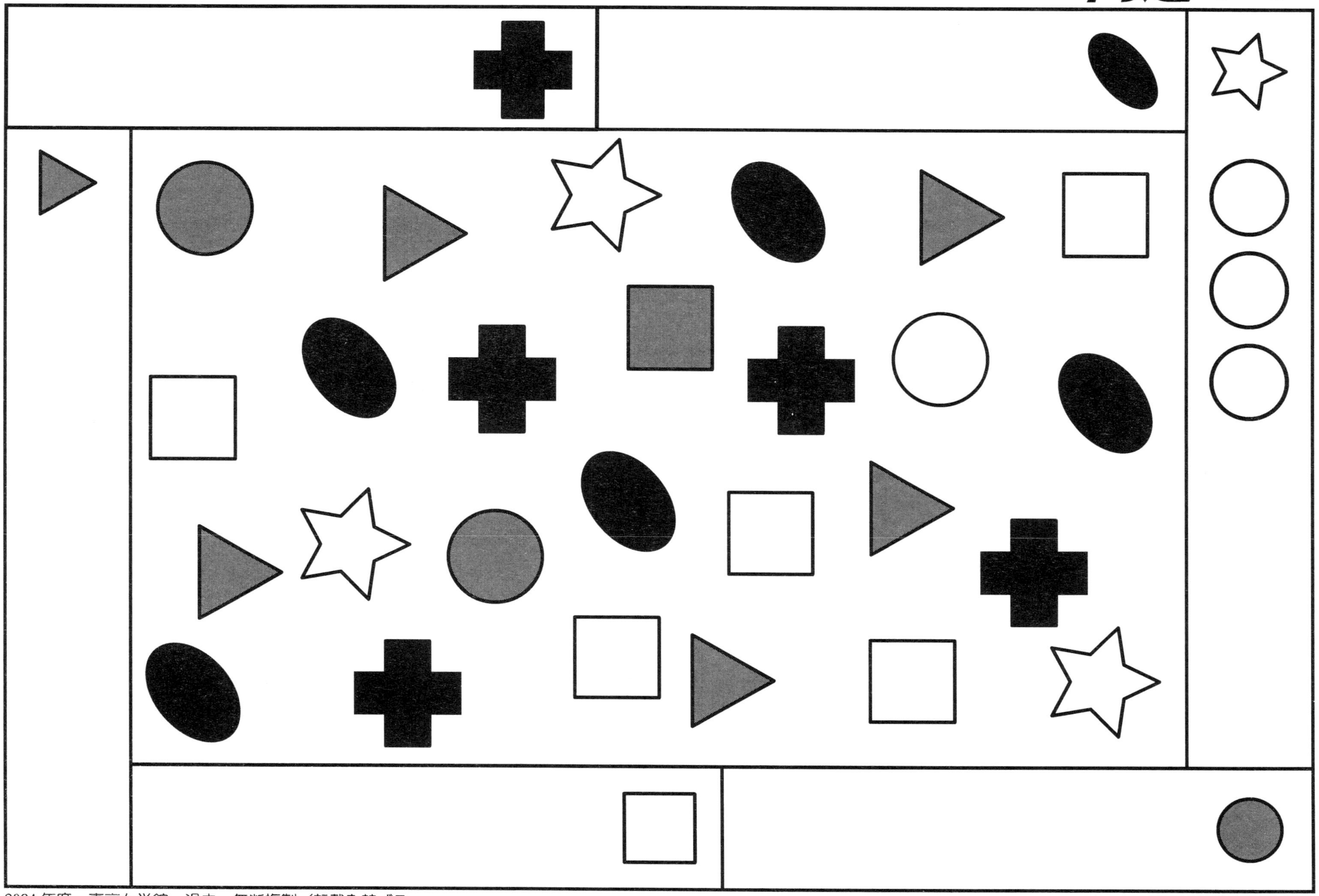

問題３６

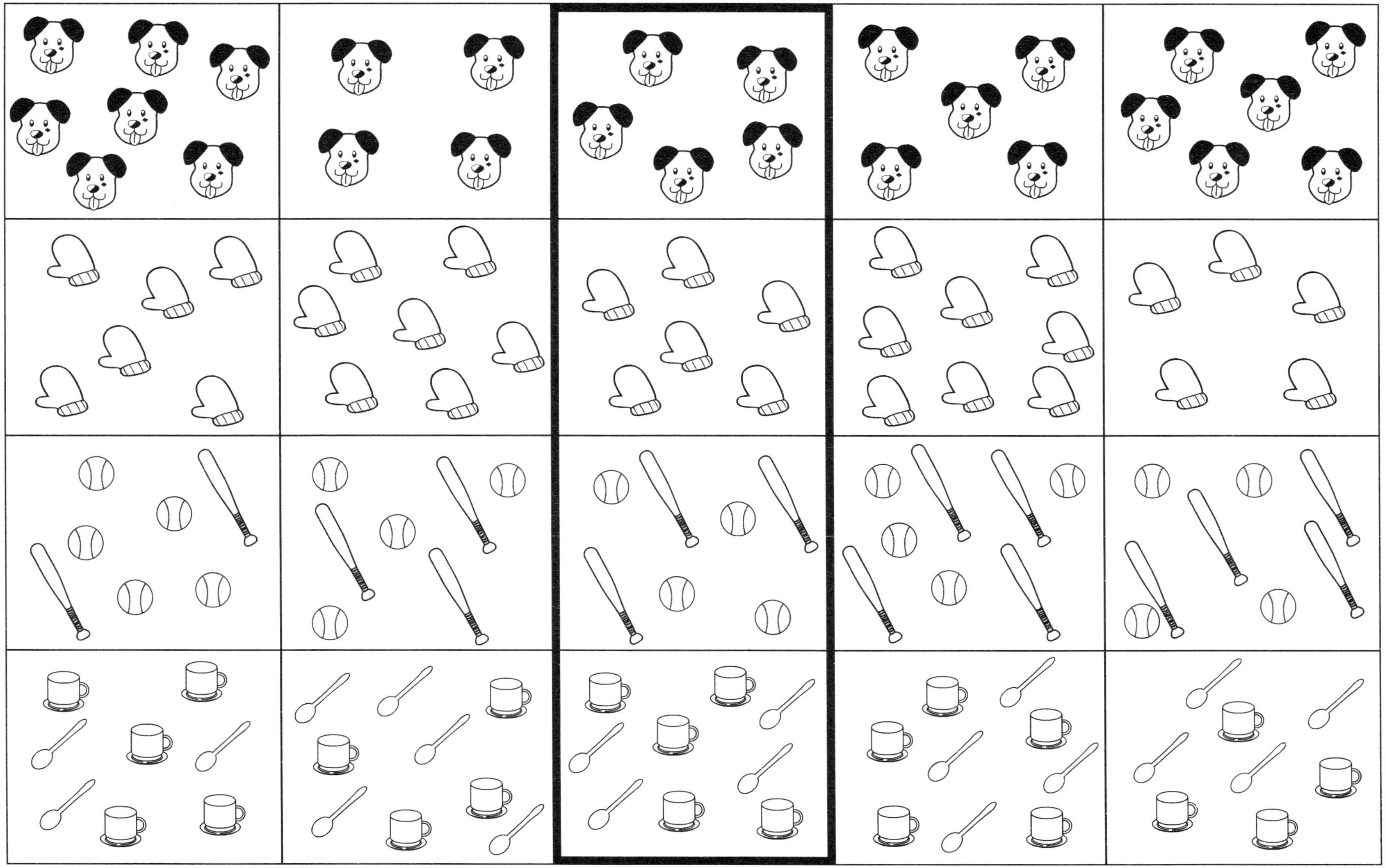

問題３７

問題３８

①

②

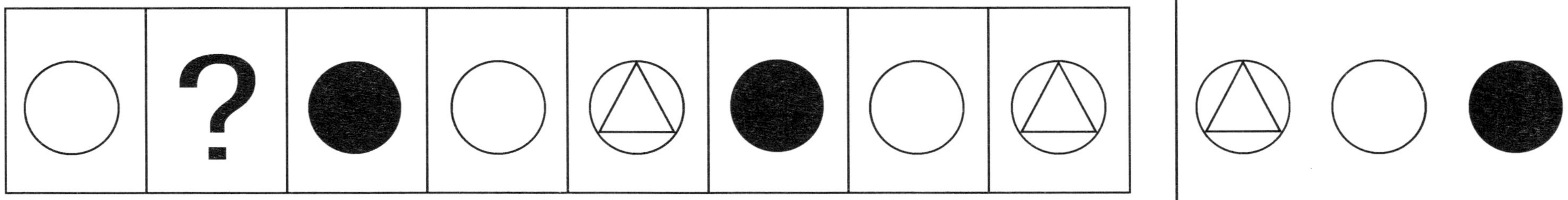

③

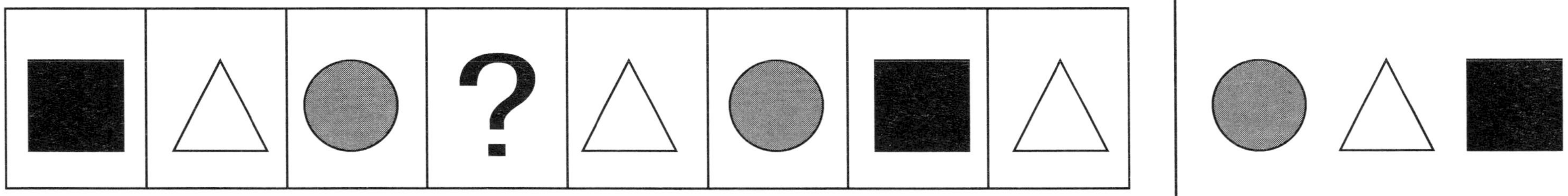

④

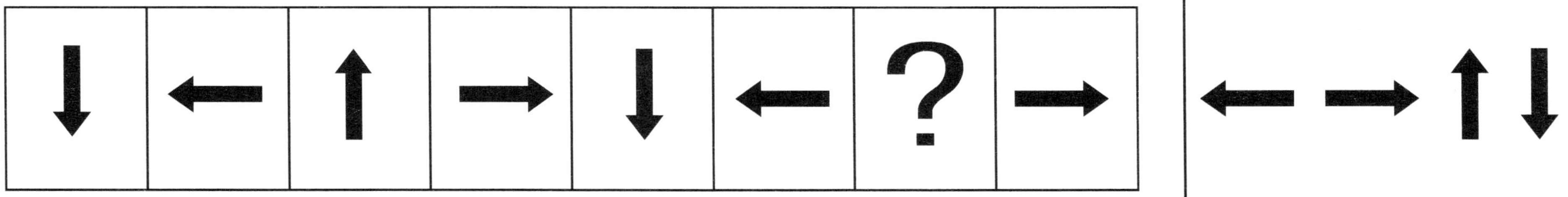

問題３９

①

②

③

④

図書カード 1000 円分プレゼント

ご記入日 令和　　年　　月　　日

☆国・私立小学校受験アンケート☆

※可能な範囲でご記入下さい。選択肢は○で囲んで下さい。

〈小学校名〉＿＿＿＿＿＿＿＿　〈お子さまの性別〉男・女　〈誕生月〉＿＿月

〈その他の受験校〉（複数回答可）＿＿＿＿＿＿＿＿

〈受験日〉①：＿＿月＿＿日〈時間〉＿＿時＿＿分　～　＿＿時＿＿分

②：＿＿月＿＿日〈時間〉＿＿時＿＿分　～　＿＿時＿＿分

〈受験者数〉男女計＿＿名（男子＿＿名　女子＿＿名）

〈お子さまの服装〉＿＿＿＿＿＿＿＿

〈入試全体の流れ〉（記入例）準備体操→行動観察→ペーパーテスト

＿＿＿＿＿＿＿＿

Eメールによる情報提供

日本学習図書では、Eメールでも入試情報を募集しております。

下記のアドレスに、アンケートの内容をご入力の上、メールをお送り下さい。

ojuken@nichigaku.jp

●行動観察　（例）好きなおもちゃで遊ぶ・グループで協力するゲームなど

〈実施日〉＿＿月＿＿日〈時間〉＿＿時＿＿分　～　＿＿時＿＿分〈着替え〉□有　□無

〈出題方法〉□肉声　□録音　□その他（　　　　　）〈お手本〉□有　□無

〈試験形態〉□個別　□集団（　　　人程度）

〈内容〉

□自由遊び

＿＿＿＿＿＿＿＿

□グループ活動

＿＿＿＿＿＿＿＿

□その他

＿＿＿＿＿＿＿＿

〈会場図〉

●運動テスト（有・無）　（例）跳び箱・チームでの競争など

〈実施日〉＿＿月＿＿日〈時間〉＿＿時＿＿分　～　＿＿時＿＿分〈着替え〉□有　□無

〈出題方法〉□肉声　□録音　□その他（　　　　　）〈お手本〉□有　□無

〈試験形態〉□個別　□集団（　　　人程度）

〈内容〉

□サーキット運動

□走り　□跳び箱　□平均台　□ゴム跳び

□マット運動　□ボール運動　□なわ跳び

□クマ歩き

□グループ活動＿＿＿＿＿＿＿＿

□その他＿＿＿＿＿＿＿＿

〈会場図〉

●知能テスト・口頭試問

〈実施日〉 ＿＿月＿＿日 〈時間〉 ＿＿時＿＿分 ～ ＿＿時＿＿分 〈お手本〉□有 □無

〈出題方法〉 □肉声 □録音 □その他（　　　　　　） 〈問題数〉 ＿＿枚 ＿＿問

分野	方法	内容	詳細・イラスト
（例） お話の記憶	☑筆記 □口頭	動物たちが待ち合わせをする話	（あらすじ） 動物たちが待ち合わせをした。最初にウサギさんが来た。次にイヌくんが、その次にネコさんが来た。最後にタヌキくんが来た。 （問題・イラスト） ３番目に来た動物は誰か 
お話の記憶	□筆記 □口頭		（あらすじ） （問題・イラスト）
図形	□筆記 □口頭		
言語	□筆記 □口頭		
常識	□筆記 □口頭		
数量	□筆記 □口頭		
推理	□筆記 □口頭		
その他	□筆記 □口頭		

日本学習図書株式会社

●制作　（例）ぬり絵・お絵かき・工作遊びなど

〈実施日〉　月　日　**〈時間〉**　時　分　～　時　分

〈出題方法〉　□肉声　□録音　□その他（　　　　　）　**〈お手本〉**□有　□無

〈試験形態〉　□個別　□集団（　　　人程度）

材料・道具	制作内容
□ハサミ	□切る　□貼る　□塗る　□ちぎる　□結ぶ　□描く　□その他（　　　　）
□のり（□つぼ　□液体　□スティック）	タイトル：＿＿＿＿＿＿＿＿
□セロハンテープ	
□鉛筆　□クレヨン（　色）	
□クーピーペン（　色）	
□サインペン（　色）□	
□画用紙（□ A4　□ B4　□ A3	
□その他：　　　　　）	
□折り紙　□新聞紙　□粘土	
□その他（　　　　　）	

●面接

〈実施日〉　月　日　**〈時間〉**　時　分　～　時　分　**〈面接担当者〉**＿＿名

〈試験形態〉□志願者のみ（　）名　□保護者のみ　□親子同時　□親子別々

〈質問内容〉

□志望動機　□お子さまの様子

□家庭の教育方針

□志望校についての知識・理解

□その他（　　　　　　　　　）

（　詳　細　）

・

・

・

・

※試験会場の様子をご記入下さい。

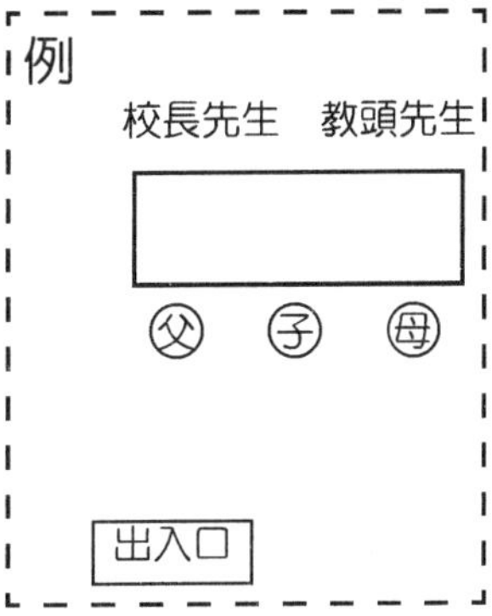

●保護者作文・アンケートの提出（有・無）

〈提出日〉　□面接直前　□出願時　□志願者考査中　□その他（　　　　　）

〈下書き〉　□有　□無

〈アンケート内容〉

（記入例）当校を志望した理由はなんですか（150字）

●説明会（□有　□無）〈開催日〉＿＿月＿＿日〈時間〉＿＿時＿＿分＿＿～＿＿時＿＿分

〈上履き〉　□要　□不要　〈願書配布〉　□有　□無　〈校舎見学〉　□有　□無

〈ご感想〉

●参加された学校行事（複数回答可）

公開授業〈開催日〉＿＿月＿＿日〈時間〉＿＿時＿＿分＿＿～＿＿時＿＿分

運動会など〈開催日〉＿＿月＿＿日〈時間〉＿＿時＿＿分＿＿～＿＿時＿＿分

学習発表会・音楽会など〈開催日〉＿＿月＿＿日〈時間〉＿＿時＿＿分＿＿～＿＿時＿＿分

〈ご感想〉

※是非参加したほうがよいと感じた行事について

●受験を終えてのご感想、今後受験される方へのアドバイス

※対策学習（重点的に学習しておいた方がよい分野）、当日準備しておいたほうがよい物など

＊＊＊＊＊＊＊＊＊＊＊＊＊　ご記入ありがとうございました　＊＊＊＊＊＊＊＊＊＊＊＊＊

必要事項をご記入の上、ポストにご投函ください。

なお、本アンケートの送付期限は入試終了後３ヶ月とさせていただきます。また、入試に関する情報の記入量が当社の基準に満たない場合、謝礼の送付ができないことがございます。あらかじめご了承ください。

ご住所：〒＿＿＿＿＿＿＿＿＿＿＿＿＿＿＿＿＿＿＿＿

お名前：＿＿＿＿＿＿＿＿＿＿　メール：＿＿＿＿＿＿＿＿＿＿

ＴＥＬ：＿＿＿＿＿＿＿＿＿＿　ＦＡＸ：＿＿＿＿＿＿＿＿＿＿

ご記入頂いた個人に関する情報は、当社にて厳重に管理致します。弊社の個人情報取り扱いに関する詳細は、www.nichigaku.jp/policy.php の「個人情報の取り扱い」をご覧下さい。

分野別 小学入試練習帳 ジュニアウォッチャー

1. 点・線図形	小学校入試で出題頻度の高い『点・線図形』の模写を、難易度の低いものから段階別に幅広く練習することができるように構成。
2. 座標	図形の位置模写という作業を、難易度の低いものから段階別に練習できるように構成。
3. パズル	様々なパズルの問題を難易度の低いものから段階別に練習できるように構成。
4. 同図形探し	小学校入試で出題頻度の高い、同図形選びの問題を繰り返し練習できるように構成。
5. 回転・展開	図形などを回転、または展開したとき、形がどのように変化するかを学習し、理解を深められるように構成。
6. 系列	数、図形などの様々な系列問題を、難易度の低いものから段階別に練習できるように構成。
7. 迷路	迷路の問題を繰り返し練習できるように構成。
8. 対称	対称に関する問題を4つのテーマに分類し、各テーマごとに問題を段階別に練習できるように構成。
9. 合成	図形の合成に関する問題を、難易度の低いものから段階別に練習できるように構成。
10. 四方からの観察	もの（立体）を様々な角度から見て、どのように見えるかを推理する問題を段階別に整理し、1つの形式で複数の問題を練習できるように構成。
11. いろいろな仲間	ものや動物、植物の共通点を見つけ、分類していく問題を中心に構成。
12. 日常生活	日常生活における様々な問題を6つのテーマに分類し、各テーマごとに一つの問題形式で複数の問題を練習できるように構成。
13. 時間の流れ	『時間』に着目し、様々なものごとは、時間が経過するとどのように変化するのかということを学習し、理解できるように構成。
14. 数える	様々なものを『数える』ことから、数の多少の判定やかけ算、わり算の基礎までを練習できるように構成。
15. 比較	比較に関する問題を5つのテーマ（数、高さ、長さ、量、重さ）に分類し、各テーマごとに問題を段階別に練習できるように構成。
16. 積み木	数える対象を積み木に限定した問題集。
17. 言葉の音遊び	言葉の音に関する問題を5つのテーマに分類し、各テーマごとに問題を段階別に練習できるように構成。
18. いろいろな言葉	表現力をより豊かにするいろいろな言葉として、擬態語や擬声語、同音異義語、反意語、数詞を取り上げた問題集。
19. お話の記憶	お話を聴いてその内容を記憶、理解し、設問に答える形式の問題集。
20. 見る記憶・聴く記憶	「見て憶える」「聴いて憶える」という『記憶』分野に特化した問題集。
21. お話作り	いくつかの絵を元にしてお話を作る練習をして、想像力を養うことができるように構成。
22. 想像画	描かれてある形や景色に好きな絵を描くことにより、想像力を養うことができるように構成。
23. 切る・貼る・塗る	小学校入試で出題頻度の高い、はさみやのりなどを用いた巧緻性の問題を繰り返し練習できるように構成。
24・絵画	小学校入試で出題頻度の高い、お絵かきやぬり絵などクレヨンやクーピーペンを用いた巧緻性の問題を繰り返し練習できるように構成。
25. 生活巧緻性	小学校入試で出題頻度の高い日常生活の様々な場面における巧緻性の問題集。
26. 文字・数字	ひらがなの清音、濁音、拗音、拗長音、促音と1～20までの数字に焦点を絞り、練習できるように構成。
27. 理科	小学校入試で出題頻度が高くなりつつある理科の問題を集めた問題集。
28. 運動	出題頻度の高い運動問題を種目別に分けて構成。
29. 行動観察	項目ごとに問題提起をし、「このような時はどうか、あるいはどう対処するのか」の観点から問いかける形式の問題集。
30. 生活習慣	学校から家庭に提起された問題と思って、一問一問絵を見ながら話し合い、考える形式の問題集。
31. 推理思考	数、量、言語、常識（含理科、一般）など、諸々のジャンルから問題を構成し、近年の小学校入試問題傾向に沿って構成。
32. ブラックボックス	箱や筒の中を通ると、どのようなお約束でどのように変化するかを推理・思考する問題集。
33. シーソー	重さの違うものをシーソーに乗せた時どちらに傾くのか、またどうすればシーソーは釣り合うのかを思考する基礎的な問題集。
34. 季節	様々な行事や植物などを季節別に分類できるように知識をつける問題集。
35. 重ね図形	小学校入試で頻繁に出題されている「図形を重ね合わせてできる形」についての問題を集めました。
36. 同数発見	様々な物を数え「同じ数」を発見し、数の多少の判断や数の認識の基礎を学べるように構成した問題集。
37. 選んで数える	数の学習の基本となる、いろいろなものの数を正しく数える学習を行う問題集。
38. たし算・ひき算1	数字を使わず、たし算とひき算の基礎を身につけるための問題集。
39. たし算・ひき算2	数字を使わず、たし算とひき算の基礎を身につけるための問題集。
40. 数を分ける	数を等しく分ける問題です。等しく分けたときに余りが出るものもあります。
41. 数の構成	ある数がどのような数で構成されているか学んでいきます。
42. 一対多の対応	一対一の対応から、一対多の対応まで、かけ算の考え方の基礎学習を行います。
43. 数のやりとり	あげたり、もらったり、数の変化をしっかりと学びます。
44. 見えない数	指定された条件から数を導き出します。
45. 図形分割	図形の分割に関する問題集。パズルや合成の分野にも通じる様々な問題を集めました。
46. 回転図形	「回転図形」に関する問題集。やさしい問題から始め、いくつかの代表的なパターンから、段階を踏んで学習できるよう編集されています。
47. 座標の移動	「マス目の指示通りに移動する問題」と「指示された数だけ移動する問題」を収録。
48. 鏡図形	鏡で左右反転させた時の見え方を考えます。平面図形から立体図形、文字、絵まで。
49. しりとり	すべての学習の基礎となる「言葉」を学ぶこと、特に「語彙」を増やすことに重点をおき、さまざまなタイプの「しりとり」問題を集めました。
50. 観覧車	観覧車やメリーゴーラウンドなどを舞台にした「回転系列」の問題集。「推理思考」分野の問題ですが、要素として「図形」や「数量」も含みます。
51. 運筆①	鉛筆の持ち方を学び、点線なぞり、お手本を見ながらの模写で、線を引く練習をします。
52. 運筆②	運筆①からさらに発展し、「欠所補完」や「迷路」などを楽しみながら、より複雑な鉛筆運びを習得することを目指します。
53. 四方からの観察 積み木編	積み木を使用した「四方からの観察」に関する問題を練習できるように構成。
54. 図形の構成	見本の図形がどのような部分によって形づくられているかを考えます。
55. 理科②	理科的知識に関する問題を集中して練習する「常識」分野の問題集。
56. マナーとルール	道路や駅、公共の場でのマナー、安全や衛生に関する常識を学べるように構成。
57. 置き換え	さまざまな具体的・抽象的事象を記号で表す「置き換え」の問題を扱います。
58. 比較②	長さ・高さ・体積・数などを数学的な知識を使わず、論理的に推測する「比較」の問題を練習できるように構成。
59. 欠所補完	線と線のつながり、欠けた絵に当てはまるものなどを求める「欠所補完」に取り組める問題集です。
60. 言葉の音（おん）	しりとり、決まった順番の音をつなげるなど、「言葉の音」に関する問題に取り組める練習問題集です。

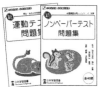

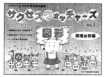

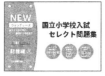

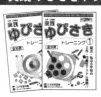

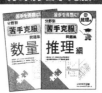

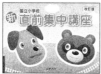

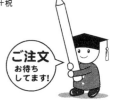

『読み聞かせ』×『質問』＝『聞く力』

お話の記憶の練習に最適

1話5分の 読み聞かせお話集①②

「アラビアン・ナイト」「アンデルセン童話」「イソップ寓話」「グリム童話」、日本や各国の民話、昔話、偉人伝の中から、教育的な物語や、過去に小学校入試でも出題された有名なお話を中心に掲載。お話ごとに、内容に関連したお子さまへの質問も掲載しています。「読み聞かせ」を通して、お子さまの『聞く力』を伸ばすことを目指します。

①巻・②巻　各48話

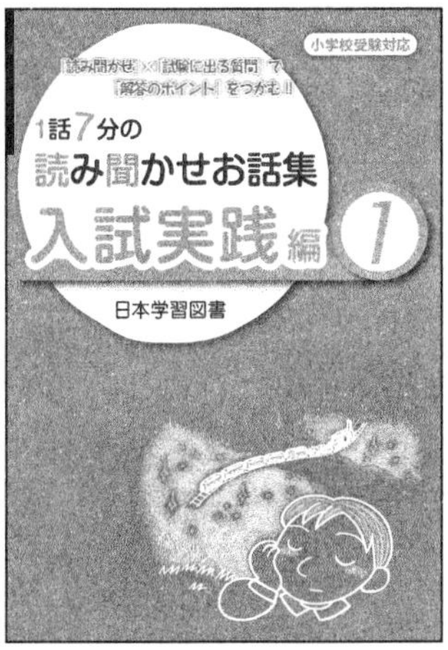

1話7分の読み聞かせお話集 入試実践編①

国立･私立小学校受験対応

最長1,700文字の長文のお話を掲載。有名でない＝「聞いたことのない」お話を聞くことで、『集中力』のアップを目指します。設問も、実際の試験を意識した設問としています。ペーパーテスト実施校の多くが「お話の記憶」の問題を出題します。毎日の「読み聞かせ」と「試験に出る質問」で、「解答のポイント」をつかんで臨みましょう！

50話収録

ニチガクの この5冊で受験準備も万全！

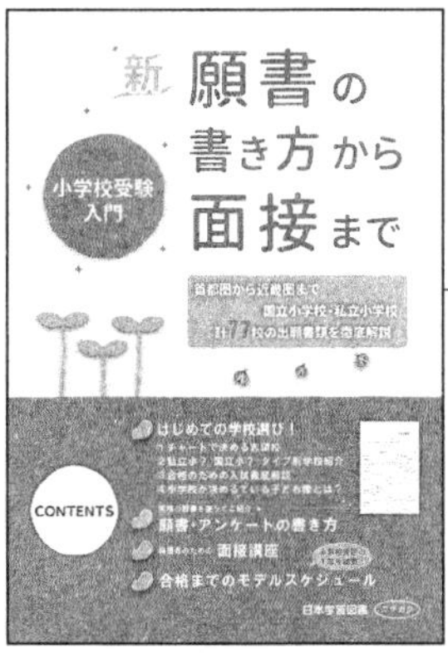

小学校受験入門 願書の書き方から面接まで リニューアル版

主要私立・国立小学校の願書・面接内容を中心に、学校選びや入試の分野傾向、服装コーディネート、持ち物リストなども網羅し、受験準備全体をサポートします。

小学校受験で 知っておくべき 125のこと

小学校受験の基本から怪しい「ウワサ」まで、保護者の方々からの 125 の質問にていねいに解答。目からウロコのお受験本。

新　小学校受験の 入試面接Q＆A リニューアル版

過去十数年に遡り、面接での質問内容を網羅。小学校別、父親・母親・志願者別、さらに学校のこと・志望動機・お子さまについてなど分野ごとに模範解答例やアドバイスを掲載。

新　願書・アンケート 文例集 500 リニューアル版

有名私立小、難関国立小の願書やアンケートに記入するための適切な文例を、質問の項目別に収録。合格を掴むためのヒントが満載！願書を書く前に、ぜひ一度お読みください。

小学校受験に関する 保護者の悩みQ＆A

保護者の方約 1,000 人に、学習・生活・躾に関する悩みや問題を取材。その中から厳選した 200 例以上の悩みに、「ふだんの生活」と「入試直前」のアドバイス２本立てで悩みを解決。

日本学習図書株式会社

東京女学館小学校　専用注文書

年　　月　　日

合格のための問題集ベスト・セレクション

＊入試頻出分野ベスト３

1st　行動観察	2nd　面　接	3rd　記　憶
聞く力　協調性	話す力　聞く力	聞く力　集中力

ＡＯ型の課題は、行動観察、運動、志願者面接、保護者面接。一般の課題は、ペーパー、行動観察、母子活動、運動、制作、保護者面接。面接を含めた、ノンペーパーが重視される傾向にある。

分野	書　名	価格(税込)	注文	分野	書　名	価格(税込)	注文
図形	Ｊｒ・ウォッチャー 4「同図形探し」	1,650 円	冊	数量	Ｊｒ・ウォッチャー 38「たし算・ひき算１」	1,650 円	冊
推理	Ｊｒ・ウォッチャー 6「系列」	1,650 円	冊	数量	Ｊｒ・ウォッチャー 39「たし算・ひき算２」	1,650 円	冊
数量	Ｊｒ・ウォッチャー 14「数える」	1,650 円	冊	数量	Ｊｒ・ウォッチャー 41「数の構成」	1,650 円	冊
言語	Ｊｒ・ウォッチャー 17「言葉の音遊び」	1,650 円	冊	巧緻性	Ｊｒ・ウォッチャー 51「運筆①」	1,650 円	冊
言語	Ｊｒ・ウォッチャー 18「いろいろな言葉」	1,650 円	冊	巧緻性	Ｊｒ・ウォッチャー 52「運筆②」	1,650 円	冊
記憶	Ｊｒ・ウォッチャー 20「見る記憶・聴く記憶」	1,650 円	冊	言語	Ｊｒ・ウォッチャー 60「言葉の音（おん）」	1,650 円	冊
創造	Ｊｒ・ウォッチャー 22「想像画」	1,650 円	冊		家庭で行う 面接テスト問題集	2,200 円	冊
巧緻性	Ｊｒ・ウォッチャー 23「切る・貼る・塗る」	1,650 円	冊		保護者のための 入試面接最強マニュアル	2,200 円	冊
創造	Ｊｒ・ウォッチャー 24「絵画」	1,650 円	冊		新 小学校受験の入試面接Ｑ＆Ａ	2,860 円	冊
巧緻性	Ｊｒ・ウォッチャー 25「生活巧緻性」	1,650 円	冊		新ノンペーパーテスト問題集	2,860 円	冊
運動	Ｊｒ・ウォッチャー 28「運動」	1,650 円	冊		新 口頭試問・個別テスト問題集	2,750 円	冊
観察	Ｊｒ・ウォッチャー 29「行動観察」	1,650 円	冊		新 運動テスト問題集	2,420 円	冊
推理	Ｊｒ・ウォッチャー 31「推理思考」	1,650 円	冊		実践 ゆびさきトレーニング①・②・③	2,750 円	各　冊
数量	Ｊｒ・ウォッチャー 37「選んで数える」	1,650 円	冊		１話５分の読み聞かせお話集①・②	1,980 円	各　冊

合計	冊	円

（フリガナ） 氏　名	電　話 ＦＡＸ E-mail
住所　〒　　　－	以前にご注文されたことはございますか。 有　・　無

★お近くの書店、または記載の電話・FAX・ホームページにてご注文をお受けしております。
電話：03-5261-8951　FAX：03-5261-8953　代金は書籍合計金額＋送料がかかります。
※なお、落丁・乱丁以外の理由による商品の返品・交換には応じかねます。

★ご記入頂いた個人に関する情報は、当社にて厳重に管理致します。なお、ご購入の商品発送の他に、当社発行の書籍案内、書籍に関する調査に使用させて頂く場合がございますので、予めご了承ください。

日本学習図書株式会社
http://www.nichigaku.jp